特別支援教育

杉江修治・丸山真名美／編著

目　次

序章　特別支援教育を学ぶ ……………………………………… 5
1章　特別支援教育の目的と現状 ………………………………… 7
　　1節　特別支援を必要とする子どもの現状 ………………… 7
　　2節　特別支援教育の場 ……………………………………… 7
　　3節　特別支援と法律 ………………………………………… 9
　　　（1）教育基本法 …………………………………………… 9
　　　（2）学校教育法 …………………………………………… 9
　　　（3）発達障害者支援法 …………………………………… 10
　　4節　インクルーシブ教育 ………………………………… 10
　　5節　学校の体制づくり …………………………………… 11
　　6節　個別対応と学習集団の力の活用 …………………… 12
2章　特別支援教育の対象 ……………………………………… 14
　　1節　視覚・聴覚障害 ……………………………………… 14
　　　（1）障害の定義と症状 …………………………………… 15
　　　（2）かかえる困難 ………………………………………… 18
　　　（3）支援のあり方 ………………………………………… 19
　　2節　知的障害 ……………………………………………… 23
　　　（1）障害の定義と症状 …………………………………… 23
　　　（2）かかえる困難 ………………………………………… 26
　　　（3）支援のあり方 ………………………………………… 27
　　3節　肢体不自由 …………………………………………… 32
　　　（1）障害の定義と症状 …………………………………… 32
　　　（2）かかえる困難 ………………………………………… 36
　　　（3）支援のあり方 ………………………………………… 38
　　4節　病弱・身体虚弱 ……………………………………… 42
　　　（1）障害の定義と症状 …………………………………… 42
　　　（2）かかえる困難 ………………………………………… 44

（3）支援のあり方 …………………………………… 46
　　5節　発達障害 ……………………………………………… 49
　　　（1）学習障害 ………………………………………… 51
　　　（2）注意欠陥／多動性障害 ………………………… 59
　　　（3）自閉症スペクトラム …………………………… 68
3章　特別支援教育のカリキュラム ………………………… 79
　　1節　幼稚部 ………………………………………………… 80
　　2節　視覚障害 ……………………………………………… 83
　　3節　聴覚障害 ……………………………………………… 84
　　4節　知的障害 ……………………………………………… 84
　　5節　肢体不自由 …………………………………………… 85
　　6節　病弱 …………………………………………………… 86
　　7節　発達障害 ……………………………………………… 87
4章　特別支援教育に取り組む姿勢 ………………………… 89
　　1節　「個別の指導計画」と「個別の教育支援計画」 ……… 89
　　2節　個別の支援・指導に必要な諸理解 ………………… 90
　　　（1）障害理解 ………………………………………… 90
　　　（2）発達理解 ………………………………………… 90
　　　（3）教授学習理論の理解 …………………………… 91
　　3節　協同学習とインクルーシブ教育 …………………… 91
あとがき ………………………………………………………… 94

序章　特別支援教育を学ぶ

　21世紀に入り、障害があることにより、通常の学級における学習活動だけではその能力を十分に伸ばすことが困難であり、特別な支援を必要とする子どもたちを対象とした特別支援教育を充実する動きが、日本国内で急速に高まった。文部科学省は、そのねらいを「障害のある幼児児童生徒の自立や社会参加に向けた主体的な取り組みを支援するという視点に立ち、幼児児童生徒一人一人の教育的ニーズを把握し、その持てる力を高め、生活や学習上の困難を改善または克服するため、適切な指導及び必要な支援を行うものである」（特別支援教育の推進について（通知）　2007）とまとめている。

　公教育では「特殊教育」という言葉が長く使われてきた。特殊教育とは、障害の種類や程度に応じて「特別な場においてなされる教育」を意味していた。一方、特別支援教育には、「一人ひとりの教育的ニーズへの対応」という視点の移行がある。同時に、支援を必要とする子どもたちの実態に目を向け、個別のニーズをより広範にとらえ、対象とする子どもたちの範囲が広げられた。

　「特別支援教育の推進に関する調査研究協力者会議」は、2003年の最終報告で特別支援教育を次のように定義している。

　特別支援教育とは、これまでの特殊教育の対象だけでなく、その対象でなかったLD（学習障害）、ADHD（注意欠陥／多動性障害）、高機能自閉症も含めて障害のある児童生徒に対してその一人一人の教育的ニーズを把握し、当該児童生徒の持てる力を高め、生活や学習上の困難を改善又は克服するために、適切な教育を通じて必要な支援を行うもの。

　特別支援教育では、これまで対象とされてこなかったさまざまな発達障害

も対象となる。それらの障害をもった子どもたちは通常学級に在籍することも多い。支援を必要とする子どもの教育の場には通常学級が含まれることとなり、「特殊」という場の限定が除かれた。

WHO が 2001 年に発表した「生活機能・障害・健康の国際分類」（ICF：International Classification of Functioning, Disability and Health）では、障害を特別なこととしてではなく、人の一般的な「健康な状態」との連続の中でとらえている。障害を「心身機能・身体構造」「活動」「参加」という3つの条件が「環境因子」「個人因子」でどういう状態になっているかということで理解しようとする提案がなされている。このような視点の展開が、特別支援という考えを深め広げる要因となっている。

障害をもつ子どもたちが、個として尊重され、それぞれ人格の完成をめざし、社会への民主的貢献に向かう成長発達を保障される権利をもつことは述べるまでもない。学校教育では、「特別支援学校学習指導要領総則」の冒頭に「児童又は生徒の人間として調和のとれた育成をめざし、その障害の状態及び発達の段階や特性等並びに地域や学校の実態を十分考慮して、適切な教育課程を編成するものとし、これらに掲げる目標を達成するよう教育を行うものとする」という文言が付け加えられている。目標の基本は支援の必要性の有無によって変わることはない。

本書では、教職をめざす学生が、特別支援教育の考え方と実態の基本を理解することを目的としている。多様な児童生徒と触れ合うことになる教職をめざすにあたって、人間の成長の基本の理解は重要である。一見特異な行動に出合っても、それは同じ「人」の行動であり、理解不能なものではない。だれもが成長意欲をもち、だれもが他者との良い関係性をもちたいと願っていることは人間性の原理である。教師をめざす人には「障害は個性だ」という言葉の意味をしっかり理解できるようになってほしい。これから本書の中身に入るにあたって、人間性という、人と人との共通性への確信をもつという出発点の大事さを強調しておきたい。

1章　特別支援教育の目的と現状

1節　特別支援を必要とする子どもの現状

　特別な支援が必要な子どもたちは、特別支援学校、特別支援学級、そして通常学級がその学びの場である。必要な支援に応じてその所属は変わることになる。たとえば、特別支援学校は、視覚障害、聴覚障害、知的障害、肢体不自由または病弱の状態にある子どもに対して、幼稚園、小学校、中学校、高等学校での各段階に対応する形で設置されている。

　文部科学省による2014年のデータでは、義務教育段階において特別支援学校及び小学校、中学校の特別支援学級の在籍者及び通級による指導を受けている子どもの割合は2.7％であった。また、2012年度の調査では、発達障害の可能性のある子どもが通常の学級に6.5％程度在籍していると報告されている。これまでの通常学級での学習指導の進め方についても、考え方の大きな転換が必要であることがわかるデータといえよう。

2節　特別支援教育の場

　特別支援が必要な子どもたち（要支援児）の教育の場の設定の仕方には、特に支援が必要でない子どもと同じ場で教育する統合教育（インテグレーション）の形と、別の場で教育する分離教育の形がある。

　日本の教育制度は、基本的には障害に応じた学校種を設けた分離教育の色が濃い設定となっている。そのことで、障害に応じたきめ細かい学習指導が

表1−1　幼・小・中・高等部学校数

区分	本　校				分　校			
	幼稚部	小学部	中学部	高等部	幼稚部	小学部	中学部	高等部
計	160	895	894	915	9	74	65	63
国立	5	45	44	44	−	−	−	−
公立	151	842	841	861	9	74	65	63
私立	4	8	9	10	−	−	−	−

可能になるという長所がある一方で、要支援児とそうでない子どもとの出会いの機会が少なくなり、ノーマライゼーション、すなわち障害者と健常者を区別することなく、あたり前に共に生活できる社会を追求するという感覚が育ちにくいという問題も生じている。

2016年の特別支援学校設置の実態は表1−1に示したようになっている。約19万人が在籍している。基本的には特定の障害に限った子どもを対象とした学校が多いが、複数の障害を対象とした学校も1割程度ある。特別支援学級の数は約54,600、20万人程の子どもが在籍している。

原則として、障害の程度の重い子どもは特別支援学校に通い、軽い子どもは特別支援学級に在籍している。判断の基準は学校教育法施行令等に示されている。また、通学が難しい重度の要支援児は、特別支援学校に籍を置きながら訪問教育を受けることが可能である。

特別支援教育は、障害が多様であることから、個に応じた最適の教育環境をつくり出すことが非常に難しい。新しく特別支援教育が求められている一般の学校に対して、文部科学省は「小・中学校におけるLD（学習障害）、ADHD（注意欠陥／多動性障害）、高機能自閉症の児童生徒への教育支援体制の整備のためのガイドライン（試案）」(2004)で次のような教育的対応を求めている。

①特別支援教育に対する校内委員会の設置：各学校では、校長のもと、支援に必要な役割をもつ教員からなる委員会を設置すること。

②実態把握：各学校では、実態把握をし、保護者との連携をしっかりとる。また、早期発見・早期支援に留意する。
③特別支援コーディネーターの指名：各学校では、特別支援教育のコーディネーターを校務分掌に位置づけ、教員を指名し、教育推進の軸とする。
④関係機関との連携を図った「個別の教育支援計画」の策定と活用：特別支援教育では、医療、福祉、労働の各機関との連携で個別の教育支援ができる体制をつくる。小・中学校などでも必要に応じて同様の対応をする。
⑤「個別の指導計画」の作成：特別支援学校では、子どもの障害の実態に応じた「個別の指導計画」を活用した指導の充実を図る。小・中学校でも必要に応じて同様の対応をする。
⑥教員の専門性の向上：教員は学校内外で研修に参加し、専門性の向上に努める。

3節　特別支援と法律

　特別支援教育を進めるための法的な対応も一貫性をもってなされてきている。

（1）教育基本法

　第4条2項で次の文言がある

　国及び地方公共団体は、障害のある者が、その障害の状態に応じ、十分な教育を受けられるよう、教育上必要な支援を講じなければならない。

（2）学校教育法

　第81条に次の記述がある。

　幼稚園、小学校、中学校、義務教育学校、高等学校及び、中等教育学校においては、

次項各号のいずれかに該当する幼児、児童及び生徒その他教育上特別の支援を必要とする幼児、児童及び生徒に対し、文部科学大臣の定めるところにより、障害による学習上または生活上の困難を克服するための教育を行うものとする。
　一　知的障害者／二　肢体不自由者／三　身体虚弱者／四　弱視者／五　難聴者／六　その他障害のある者で、特別支援学級において教育を行うことが適当な者

（3）発達障害者支援法

　この法律では「発達障害」を「自閉症、アスペルガー症候群その他の広汎性発達障害、学習障害、注意欠陥／多動性障害その他これに類する脳機能の障害であって、その症状が通常低年齢において発現するものとして政令で定めるものをいう」という定義ののち、第3条1項で、国及び地方公共団体が「発達障害の早期発見のために必要な措置を講じること」、2項で「早期の発達支援、就労、地域における生活等に関する支援及び家族に対する支援に必要な措置を講じること」、3項で「発達障害者及びその保護者の意思が尊重されるべきこと」、4項で「医療、保健、福祉、教育、労働、の部局にとどまらず、犯罪を受けることの防止、消費生活に関する業務などを関係機関で協力すること」を求めている。

4節　インクルーシブ教育

　特別支援教育推進の背景には、「共生社会の形成に向けたインクルーシブ教育システムの構築」という課題の共有化が国内で進められてきたことが大きい。共生社会とは、さまざまな人が自分の力を出し切って活躍できる社会をいう。これまで、障害をもつ人の社会参加は極めて限られてきた。しかし、人として、自己実現をめざす気もちはだれもが同等にもつものである。人間性という人と人との共通性への理解が進んだことによる考え方といえよう。
　共生社会実現に向けて教育が果たす役割は大きい。障害の有無にかかわらず、共に社会をつくっていく者として、一人ひとりに応じた学習活動を可能

にする支援が必要である。また、可能な限りさまざまな人が共に学ぶ教育システムをつくり上げていくことも重要である。

そのためには、一人ひとりに応じた柔軟な対応を可能とする「合理的配慮」が可能となる工夫が教育を進める過程に組み込まれていなくてはいけない。どのような就学先を準備するべきか、一人ひとりへの合理的対応ができるための仕組みづくり、障害に応じた専門的な支援方法、医療的対応等、その模索が教育行政のシステムづくりの中ではじまっている。

インクルーシブ教育は、「障害者の権利に関する条約」の日本政府公定訳（2014）の24条では「包容する教育制度」という訳語で示されている。その目的は「人間の潜在能力並びに尊厳及び自己の価値についての意識を十分に発達させ、並びに人権、基本的自由及び人間の多様性の尊重を強化すること」「障害者が、その人格、才能及び創造力並びに精神的及び身体的な能力をその可能な最大限度まで発達させること」「障害者が自由な社会に効果的に参加することを可能とすること」と表現されている。

5節　学校の体制づくり

特別支援学校、特別支援学級に対しては、教員配置の面で個に応じた対応を可能にすべく手厚い対応がなされている。一般の小中学校では、児童生徒40人に対して教員1人の配置という基準であるが、特別支援学校の場合は児童生徒数6人に対して教員1人（重複障害の場合は3人に1人）、特別支援学級は児童生徒8人に教員1人という基準が設けられている。

学校体制で、一人ひとりの子どもたちに対する合理的配慮を可能にするための体制づくりも必要になる。また、一人ひとりの教師が、合理的な判断ができる資質を身につけることも要求されてきている。ただ、教科教育を進める専門家としての役割をもつ教師だけでは解決できない課題も生じる。そのためには、スクールカウンセラー、言語聴覚士、作業療法士、理学療法士、医師、看護師などの専門家との連携も可能な準備が必要となる。

なお、合理的な配慮には、教師の合議・共同が不可欠となる。そのための

体制づくりは管理職の重要な仕事となるが、同時に、仲間を信頼してつながり合おうという一人ひとりの教師の心構えも大事な条件となる。たがいの個性を認め合いながら、共に子どもの成長を願う仲間同士だという確信をもち合った教師同士の関係の構築が求められるのである。

6節　個別対応と学習集団の力の活用

　個別のニーズをもった要支援児への教育的対応は個別対応の形を取ることが多い。しかし、インクルージョンの考え方が定着してきている今、子ども相互の交流の機会を増すことも求められてきている。
　「共生社会の形成に向けたインクルーシブ教育システム構築のための特別支援教育の推進」（中教審初等中等教育分科会報告　2012）では、「特別支援学校と幼・小・中・高等学校等との間、また、特別支援学級と通常の学級との間でそれぞれ行われる交流及び共同学習」が豊かな教育成果をもたらすという視点から、教育への交流と共同（協同）の導入を推奨している。
　多様な関係性に出合うことは、要支援児に対しての効果にとどまるものではない。支援を多く必要としない子どもにとっても、共生社会の形成者として貴重な経験を得る機会になる。教育委員会や各学校が、きちんとした教育のねらいをもって交流の機会を設定することは意義あることといえる。
　さらに、共に学ぶ、共に育つ経験は、人間のあり方としての普遍的な側面をもつという点も忘れてはならない。特別支援学校、特別支援学級の児童生徒の間の協同、すなわち学び合い高め合う経験を、授業の中で工夫を凝らして導入することも必要である。共に学ぶ仲間に対する信頼感の形成は、健康な人格の核心にかかわることがらであり、学校教育での重要な目標と考えられるからである。
　なお、単に交流の機会をもてばよいというものではない。交流学級に出向いた結果、要支援の児童生徒がストレスを抱えて特別支援学級にもどって来るなどというようなことがあれば逆効果である。交流先の学校や通常学級が協同的な学びのできる学校、学級である必要がある。確かな信頼で結ばれた

児童生徒同士の交流であるならば、要支援の子どもたちがその交流を通して多くを学ぶことが期待できるのである。

2章 特別支援教育の対象

1節 視覚・聴覚障害

　本節は、特別支援教育における視覚障害及び聴覚障害のとらえ方と実態の基本的理解を目標としている。視覚障害及び聴覚障害の児童生徒と触れ合う機会のある教職をめざすにあたって、この障害の基本の理解は重要である。障害を認識する共通のフレームワークとして、WHOが提唱したICIDH（International Classification of Impairments, Disabilities and Handicaps：国際障害分類）及び序章で触れたICF（生活機能・障害・健康の国際分類）の図式を少し詳しく説明しておきたい。

　1980年に提唱された、ICIDHでは、障害を医学モデルでとらえ、機能障害（Impairment）、能力障害(Disability)、社会的不利(Handicap)の3つの側面で階層的に整理しているが、一般的に「障害」は個人の属性に限定されて使われていることが多い。

　それに対して、2001年に提唱されたICFでは、障害を社会的モデルでとらえ、障害ではなく、健康状態だと中立的に表現し、生活機能というプラス面

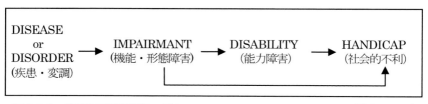

図2-1-1　ICIDHの障害構造モデル　　　　　　　　　　（徳永　2005）

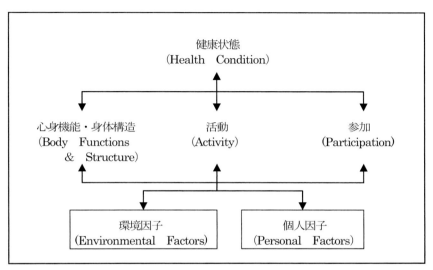

図 2-1-2　ICF の生活機能構造モデル　　　　　　　　　（徳永　2005）

からみるように視点を転換し、環境因子等の観点を加えた。ICF のモデルは、社会的な活動や社会参加が可能であったり、逆に制約されることを示した点でより実態に即しており、「障害」を個人の属性に限定せず、個人の周りの環境を含めた広い視野でとらえることができる点で、障害理解をさらに前進させたものといえる。このモデルは障害や疾病のある本人やその家族、保健・医療・福祉等の分野の職員が、障害や疾病の状態についての共通理解をもちながら支援を行うためのフレームワークとして使用することが期待される。

（1）障害の定義と症状

1）視覚障害の定義と症状
　視覚障害とは、視機能の永続的な低下により、学習や生活に支障がある状態をいう。視機能には、視力、視野、色覚、光覚などの各種機能がある。し

たがって、視覚障害とは、視力障害、視野障害、色覚障害、光覚障害（明順応障害、暗順応障害）などをいう。文部科学省では視覚障害を次のように定義している（学校教育法施行令　第22条の3）。

　視覚障害者：両眼の視力がおおむね0.3未満のもの又は視力以外の視機能障害が高度のもののうち、拡大鏡等の使用によっても通常の文字、図形等の視覚による認識が不可能又は著しく困難な程度のもの

　視覚障害は、大きく盲と弱視に分類される。盲は「点字を常用し、主として聴覚や触覚を活用した学習を行う必要のあるもの」、弱視は「視力が0.3未満の者のうち、普通の文字を活用するなど、主として視覚による学習が可能な者。このうち、視力が0.1未満の者を強度弱視、0.1以上0.3未満の者を軽度弱視という」（香川　2005）と分類できる。
　弱視の場合、視野障害や光覚障害についても配慮が必要である。視野とは、視線を動かさないで見ることが可能な範囲のことで、正常な視野の範囲は、視線が向いている固視点から上方60度、下方70度、鼻側60度、耳側100度程度である。固視した状態で、25から30度範囲以内を中心視野、その外側を周辺視野という。

表2−1−1　弱視児の見え方の特徴　　　　　　　　　　　　（川嶋　2008）

①ぼやけによる見えにくさ：網膜疾患などによる視力の低下が主な原因で、ものの輪郭がはっきりせず、細部の構造が分からない。
②コントラストが低いことによる見えにくさ：角膜や水晶体の混濁により、眼に入る光が散乱することで、物とその背景の対比がはっきりとしない。羞明（しゅうめい：まぶしさ）を伴うことがある。
③視野狭窄による見えにくさ：視野が狭くなり、視野の中心だけしか見えなくなるため、一度に見える範囲が狭い。また、周辺の情報を取り入れることが難しいため、歩くことが困難になる。
④中心暗点による見えにくさ：視野の中心が見えにくい状態となるため、読み書きや、図形の細部を認識することが困難となる。

視野障害は、視野狭窄、暗点及び半盲に分類できる。視野狭窄では、周辺視野から徐々に見える範囲が狭くなる。暗点は、視野の特定の部分が見えない状態となり、半盲は片側の視野に欠損が生じる。弱視児の見え方には個人差が大きいので、表2-1-1を参考にしながらも、どのような見え方をするのかを個々の児童生徒についてアセスメントする必要がある。

2）聴覚障害の定義と症状

聴覚障害とは、聴覚機能の永続的低下と環境との相互作用で生じるさまざまな問題点の総称である。聴覚機能の低下とは、身の周りの音や話し言葉が聞こえにくかったり、ほとんど聞こえなかったりする状態をいう。文部科学省では視覚障害者を次のように定義している（学校教育法施行令　第22条の3）。

聴覚障害者：両耳の聴力レベルがおおむね60デシベル以上のもののうち、補聴器等の使用によっても通常の話声を解することが不可能又は著しく困難な程度のもの

聴覚障害は、軽度難聴から高度難聴などの難聴、成長してから聴覚を失った中途失聴が含まれる。聞こえの程度、障害の生じている部位、障害の生じた時期によって分類することができる。

聴覚障害の聞こえの程度により、軽度、中等度、高度、重度に分類できる。その症状の特徴は表2-1-2に示した。

表2-1-2　聞こえの程度による症状の特徴　　　　　　　　　　　（井坂　2016）

軽度難聴（25～50dB）：1対1の会話はそれほど困難ではないが、集団の会話では聞き取りが困難な場合も生じる。
中等度難聴（50～70dB）：1m位の距離での会話は可能であるが、聞き違いも多い。集団での会話は困難は場合が多い。
高度難聴（70～90dB）：耳元での大きな声は聞き取れる場合もあるが、子音が聞き取れないことが多い。
重度難聴（90dB以上）：大きな声や音を感じることができる。

また、聴覚障害になった部位により、伝音性難聴、感音性難聴、混合性難聴に分類される。伝音性難聴とは、外耳、中耳の障害による難聴であり、音が伝わりにくくなった状態であるため、補聴器などで音を大きくすれば、比較的よく聞こえるようになる。感音性難聴とは、内耳、聴神経、脳の障害による難聴であり、音が歪んだり響いたりし、言葉の明瞭度が低いため、補聴器などで音を大きくして伝えるだけでは聞き取りにくい。補聴器の音質や音の出し方を細かく調整する必要がある。混合性難聴とは、伝音性難聴と感音性難聴の両方の原因をもつ難聴である。

　聴覚障害になった時期により、「先天的・後天的」に分類される。先天的聴覚障害は、聴覚組織の奇形や、妊娠中のウイルス感染（特に風疹）などで聴覚系統がおかされた場合を指し、後天的聴覚障害は、突発性疾患、薬の副作用、頭部外傷、騒音、高齢化などによって聴覚組織に損傷を受けた場合を指す。

（2）かかえる困難

1）視覚障害が抱える困難

　視覚障害の抱える困難を考えるにあたって、視覚の役割を確認しよう。視覚は、遠隔感覚であり、離れた情報を入手する。入手しうる情報の種類は、光、色、形態、位置、変化、表情などであり、光と色は視覚によってのみ入手可能であり、形態を知覚するのも主として視覚によって行われる。視覚は情報入手のための重要な感覚であり、周囲の状況からの適切な情報を得て、

表2-1-3　視覚の障害による影響　　　　　　（国立特別支援教育総合研究所　2015）

①周囲の状況がよく分からず目的の場所で移動することが困難になる。
②文字の読み書き、図形・絵の読み取り・表現が困難になる。
③その他、食事、衣服の着脱、買い物などの日常生活行動を円滑に遂行することが困難になる。
④発達への影響として、運動、探索、物の操作、社会性、生活習慣、言語、概念形成（言葉、空間）が困難になる。

情報に基づいて行動し、その結果についてフィードバックを得て、行動を調整していく。また、物と言葉を対応づけて概念形成を行っていく。視覚の障害による影響は表 2-1-3 に示した。

2）聴覚障害が抱える困難

聴覚障害が抱える困難を考えるにあたって、聴覚の役割を確認しよう。聴覚は、環境音や音声を知覚し、人とのコミュニケーション活動を行うために重要な感覚の一つである。聴覚は音声言語の発達において重要な役割を果たす。聴覚の障害があると、周囲の音や音声を十分に聞き取ることができないため、音声言語の獲得や音声によるコミュニケーションが困難になる。

聴覚障害は音声によるコミュニケーションのための重要な感覚の一つであるため、周囲とのかかわりや補聴器などの道具も含めた環境条件によって、本人及び周りが感じる障害の困難さは変化してくる。また、軽度の難聴の場合、自分や周りが障害に気づきにくいので障害認識が困難となる。聴覚の障害による影響は表 2-1-4 に示した。

（3）支援のあり方

視覚障害及び聴覚障害への支援のあり方を以下に述べるが、どちらの障害も外界の情報を入力する感覚の障害であるため、コミュニケーション及び概念の形成に困難さを抱えることが考えられる。個々の児童生徒の様態をアセスメントし、個別の指導計画を作成し、残存する能力及び他の感覚を伸ばしていくことが重要となる。

表 2-1-4　聴覚の障害による影響　　　　　　　　（国立特別支援教育総合研究所　2015）

①聞こえの発達が遅れることにより、周囲の音や音声の聞き取りが困難。
②話し言葉によるコミュニケーションの発達の困難さ。
③音声入力の困難さに伴う発音、発声の困難さ。
④障害認識及び周りの障害受容の困難さ。

1）視覚障害への支援のあり方

特別支援学校においては、盲教育と強度の弱視の児童生徒を対象とした弱視教育が行われている。点字を用いるとともに、聴覚や触覚の活用を中心にすえた盲教育と、通常の文字を用いるとともに視覚の活用を中心にすえた弱視教育に大別される。

視覚障害を対象とした特別支援学校は、幼稚部、小学部、中学部、高等部からなっている。高等部では、普通科のほかに、専門教育を主とする学科として、保健理療科、理療科、理学療法科などが設置されており、特色ある職業教育が行われている。

教育課程は、各教科、道徳（小・中学部）、外国語活動、特別活動、自立活動及び総合的な学習の時間によって編成されている。自立活動の具体的な指導内容としては、障害の程度に応じて、例えば、触覚や聴覚などを効果的に活用できるようにする指導や情報機器の活用技能を高めるための指導がある。

盲の児童生徒は、点字の教科書を使用し、主として触覚や聴覚を活用した学習（触察や触図など）を行っている。点字の教科書は、一般の検定教科書をもとに、盲の児童生徒の学習に適した内容に一部修正の上、点訳したものである。盲の児童生徒の指導においては、各教科を通じて点字の読み書き技能に習熟させるとともに、実物や模型などを数多く活用して、正しい知識や

表 2−1−5　視覚障害のある子どもの指導計画の作成や教育課程の実施における全般的な配慮事項　　　　　　　　　　（国立特別支援教育総合研究所　2015）

①児童生徒の実態やニーズを適切に把握するとともに、保有する感覚を最大限に活用し、予測と確かめの力を育成すること。
②視覚障害の状態等によって学習の困難を伴う内容については、基本事項の理解や導入段階の指導に重点を置くなど、指導内容の精選と配列を工夫すること。
③学習の基礎となる能力を自立活動の時間における指導において重点的に指導するとともに、各教科と自立活動との関連性を個別の指導計画等において具体的に示すこと。
④各教科等の指導にあたっては、視覚を含め他の感覚も有効に活用し、体験的な活動を重視するとともに、児童生徒の自主的、自発的な学習が促されるよう工夫すること。
⑤交流及び共同学習の一層の推進を図る工夫をすること。

概念の形成を図るよう努める。

　弱視の児童生徒は、通常の文字の検定教科書や文字等を拡大した拡大教科書を使用して、主として視覚を活用した学習を行う。弱視の児童生徒に対する指導にあたって大切なことは、見やすい条件を整えることである。拡大教材、弱視レンズ、教材拡大映像設備を使用し、見やすい文字の大きさで学習できるよう配慮する。教室は300から700ルクスの照度を保つとともに、電気スタンド等の個人用の照明器具を活用して、個人差に対応した照度を保つよう配慮する。明るすぎると見えにくくなる眼疾患もあるため注意が必要である。

　2）聴覚障害への支援のあり方

　特別支援学校では、聴覚障害が比較的重い幼児児童生徒への教育が行われている。聴覚障害を対象とした特別支援学校には、幼稚部、小学部、中学部及び高等部が置かれ、教育の内容においては、幼稚園、小学校、中学校または高等学校に準ずるとともに、障害による学習上または生活上の困難を主体的に改善・克服するために必要な知識、技能、態度及び習慣を養い、心身の調和的発達の基盤を培うことを目標として、自立活動が設けられている。

　自立活動の内容は、幼稚部、小学部では言語発達や聴覚活用のための内容に重点を置き、それ以降は情報の多様化（読書の習慣、コミュニケーションの態度・技術など）、障害認識や心理的な問題に関するものなどへ広がってい

表2-1-6　聴覚障害のある子どもの指導計画の作成や教育課程の実施における全般的な配慮事項　　　　　　　　　　（国立特別支援教育総合研究所　2015）

①早期（幼稚部）からの教育的対応を行い、言語発達を促す。
②一人一人の幼児の聴覚障害の状態を把握し、指導の目標を明確にする。
③各教科の指導では、視覚的な情報提示やFM補聴器などを用いて情報保障を行う。
④社会性や豊かな人間性をはぐくむために、集団活動を通じて小学校の児童又は中学校・高等学校の生徒及び地域の人々などと活動を共にする機会を積極的に設ける。
⑤障害による学習上又は生活上の困難を主体的に改善・克服するために必要な知識、技能、態度及び習慣を養うため自立活動を行う。

く。自立活動の内容は、個々の幼児児童生徒の必要性に応じて取り上げることになっているため、個別の指導計画に基づいて指導がなされる。

　施設設備の面では、聴覚活用のための機器（集団補聴器、FM 補聴器など）や、発音・発語指導のための機器、視聴覚機器（VTR、プロジェクタなど）が用意されている。

　難聴特別支援学級は、聴覚障害が比較的軽い者のために、小・中学校に設置されている学級である。教育の内容は小・中学校におけるものに加えて、聴覚活用に関すること、音声言語（話し言葉）の受容（聞き取り及び読話）と表出（話すこと）に関することが主である。さらに必要に応じて、言語（語句、文、文章）の意味理解や心理的問題、人間関係などの改善についての内容も取り上げる。通常の学級と交流及び共同学習を行うとともに、障害により学習が困難な内容（音読、外国語の発音、歌唱、器楽演奏等）については、視覚情報の有効活用や個別指導を受けるなど、障害の程度に合わせた柔軟な対応を行う。

　通級による指導とは、聴覚障害の程度が比較的軽度の者に対して、各教科等の指導は通常の学級で行いつつ、障害に応じた特別の指導を特別の指導の場で行うことである。通級指導教室では、聴覚障害に基づく種々の困難の改善・克服を目的とする指導を行うが、特に必要があるときは、その障害の状態に応じて各教科の内容を補充するための特別の指導を行う場合もある。

文献

井坂行男　2016　聴覚障害者に対する教育的支援　新しい特別支援教育のかたち―インクルーシブ教育の実現に向けて　培風館

香川邦生（編）2005　視覚障害教育に携わる方のために（三訂版）　慶應義塾大学出版会

川嶋英嗣　2008　弱視児・者の見え方（岐阜大学教育学部特別支援教育研究会（編）特別支援教育を学ぶ（第2版）　ナカニシヤ出版）

国立特別支援教育総合研究所　2015　特別支援教育の基礎・基本 新訂版　ジアース教育新社

守屋 國光（編）　2015　特別支援教育総論:歴史、心理・生理・病理、教育課程・指導

法、検査法　風間書房
坂本 裕・岐阜大学教育学部特別支援教育研究会（編）　2008　特別支援を学ぶ（第2版）　ナカニシヤ出版
徳永亜希雄　2005　ICFと個別の教育支援計画（独立行政法人国立特殊教育総合研究所・WHO編著　ICF（国際生活機能分類）活用の試み－障害のある子どもの支援を中心に　ジアース教育新社）
吉利 宗久・是永 かな子・大沼 直樹　2016　新しい特別支援教育のかたち―インクルーシブ教育の実現に向けて　培風館

2節　知的障害

　本節は、特別支援教育における知的障害のとらえ方と、実態の基本的理解を図ることを目的としている。知的障害の児童生徒と触れ合う機会のある教職をめざすにあたって、この障害の理解は重要である。まずは、知的障害の定義と症状について知り、実態把握のための観点を学ぶ。そして、どのような困難さがあるのかを理解し、教育上の支援のあり方についても考えていく。

（1）障害の定義と症状

　まずは、知的障害の定義と解釈に関して概観していく。文部科学省の定義とそこから読み取れる解釈、また、どのように実態把握を行うのか、また知的障害を示す症候群、併存する発達障害、合併する精神疾患についても理解したい。

1）知的障害の定義とその解釈
　文部科学省（2014）の知的障害の定義とその解釈を以下に示す。

　知的障害とは、発達期に起こり、知的機能の発達に明らかな遅れがあり、適応行動の困難性を伴う状態をいう。

表 2-2-1　知的障害の解釈　　　　　　　　　　　　　　　　（文部科学省　2014）

・「発達期に起こり」ということ
　この障害の多くは、胎生期、出生時及び出生後の比較的早期に起こる。発達期の規定の仕方は必ずしも一定しないが、18歳以下とすることが一般的である。したがって、知的障害は、発達期以降の外傷性頭部損傷や老齢化に伴う知能低下などによる知的機能の障害とは区別される発達障害として位置づけられる。

・「知的機能の発達に明らかな遅れがあり」ということ
　知的機能とは、認知や言語などにかかわる機能であるが、その発達に明らかな遅れがあるということは、精神機能のうち、情緒面とは区別される知的面に、同年齢の児童生徒と比較して平均的水準より明らかに遅れが有意にあるということである。

・「適応行動の困難性」ということ
　適応行動に困難性があるということは、適応能力が十分に育っていないということであり、他人との意思の交換、日常生活や社会生活、安全、仕事、余暇活動などについて、その年齢段階に標準的に要求されるまでには至っていないということである。そのため、困難性の有無を判断するには、特別な援助や配慮なしに、同じ年齢の者と同様に、そうしたことが可能であるかどうかを調査することが大切となる。

・「‥を伴う状態」ということ
　知的機能の発達に明らかな遅れがあり、適応行動の困難性を伴うという状態は、全体的な発達の遅れとして現れる。その原因は多種多様で、具体的には不明なことが多い。概括的にいえば、中枢神経系の機能障害に加えて、心理的・社会的条件がその要因となる。
　発達上の遅れまたは障害の状態は、ある程度、持続するものではあるが、絶対的に不変で固定的であるということではない。教育的対応を含む広義の環境条件を整備することによって、障害の状態はある程度改善されたり、知的発達の遅れがあまり目立たなくなったりする場合もある。つまり、知的障害は、個体の条件だけでなく、環境的・社会的条件との関係で、その障害の状態が変わり得る場合があるということである。

2）知的障害のある子どもの実態把握

　知的障害のある子どもの状態の理解にあたっては、障害の有無、障害の状態、学校生活における援助や配慮の必要性について実態を把握する必要があり、①

知的機能、②身辺自立、③社会生活能力などの状態のほか、必要に応じて、④運動機能、⑤成育歴及び家庭環境、⑥身体的状態、⑦学力、などについて、検査や調査を行うことが必要である（国立特別支援教育総合研究所　2015）。

知能検査や発達検査の結果は、精神年齢（MA：Mental Age）または、発達年齢（DA：Developmental Age）、知能指数（IQ：Intelligence Quotient）または発達指数（DQ：Developmental Quotient）などで表される。検査によっては知能偏差値（ISS：Intelligence Standard Score）で表される。

適応行動の困難性については、コミュニケーション能力、日常生活能力、社会生活能力、社会的適応性などについて、観察や調査等で明らかにする必要がある。生活能力に関する標準化された検査の結果は、社会性年齢（SA：Social Age）と社会性指数（SQ：Social Quotient）で表される。社会性年齢や社会性指数と、精神年齢や知能指数または発達年齢や発達指数などを対比することで、発達の遅れの状態や環境要因の影響などがより明らかになることがある。

3）知的障害を示す症候群、併存する発達障害、合併する精神疾患

知的障害を示す症候群、併存する発達障害、合併する精神疾患について表2－2－2にまとめた。

表2－2－2　知的障害を示す症候群、併存する発達障害、合併する精神疾患

（吉利他　2016）

知的障害を示す症候群	知的障害に併存する発達障害	知的障害に合併する精神疾患
脆弱X症候群、 プラダー・ウィリー症候群、 ウィリアムズ症候群、 ダウン症候群、等	自閉症スペクトラム、 多動性障害、 学習障害、 行為障害、等	気分障害、 統合失調症、 認知症、 その他（異食症、常同性運動障害（随意、反復的、非機能的な運動、等）

(2) かかえる困難

表2-2-3は知的障害によって制約される適応スキルである。知的障害の抱える困難の諸側面である。大きく分けて、概念的スキル、社会的スキル、実際的スキルの3点で制約がみられ、抱える困難さも概念的な知的な側面だけでなく、社会性や日常生活の実際的なことがらまでさまざまにわたることがわかる。この困難さは、一人ひとり異なるため、アセスメントを正確に行い、どのような困難さがあるのかを把握する努力を行うべきである。

表2-2-3　知的障害によって制約される適応スキル　　　　　　（園山　2003）

①概念的スキル
・言語表現や言語理解が十分ではない。
・読んだり書いたりすることが十分できない。
・お金の概念が十分理解できない。

②社会的スキル
・人間関係をうまくやることが十分にはできない。
・責任をもって役割を果たすことが十分にはできない。
・十分な自尊心が育ちにくい。
・だまされやすいことがある。
・純朴さ。
・規則を理解し守ることが十分できない。
・理不尽な扱いをされないようにすることがうまくできない。

③実際的スキル
・基本的な日常生活動作が十分できない（食事、移動、トイレ、服を着る等）。
・日常生活を営む上で必要なことが十分できない（食事の準備、整理整頓、金銭管理等）。
・職場で必要なことが十分できない。
・安全な環境を確保することが十分できない。

（3）支援のあり方

次に、知的障害への支援のあり方として、教育支援の基本的なことがら、各教科を合わせた指導、情報機器の活用、進路指導、共同学習について解説する。

1）教育支援にあたっての基本的なことがら

教育支援にあたっては、実際の生活に即した実体験の中で成功体験を積ませることが対応の基本となっている（表2-2-4）。

また、教育的支援にあたっては、①教育内容・方法、②支援体制、③施設・設備、といった通常の学級でも必要な合理的配慮について十分に理解し、対応を図っておかねばならない。さらに、表2-2-5にまとめたような具体的な教育的対応を行うことが重要である。

2）各教科を合わせた指導

知的障害の教育支援では、各教科をまたがる教材を準備し、日常生活の指導、遊びの指導、生活単元学習、作業学習などを効果的に進めている。

①日常生活の指導：児童生徒の日常生活が充実し、高まるように日常生活の諸活動を適切に援助する。生活の流れに沿って実際的な状況下で指導を行う。
②遊びの指導：遊びの指導は、遊びを学習活動の中心にすえて、身体活動を活発に

表2-2-4　教育的対応の基本

- 学習によって得た知識技能が断片的になりやすく、実際の生活の場で応用されにくい。
- 成功経験が少ないことなどにより、主体的に活動に取り組む意欲が十分に育っていないことがみられる。
- 抽象的な指導内容よりは、実際的・具体的な内容が効果的である。

（文部科学省　2009より抜粋）

表2-2-5　具体的な教育的対応

・児童生徒の実態等に即した指導内容を選択・組織する。
・児童生徒が、自ら見通しをもって行動できるよう、日課や学習環境などを分かりやすくし、規則的でまとまりのある学校生活が送れるようにする。
・望ましい社会参加をめざし、日常生活や社会生活に必要な技能や習慣が身につくようにする。
・職業生活を重視し、将来の職業生活に必要な基礎的な知識や技能が育つようにする。
・生活の課題に沿った多様な生活経験を通して、日々の生活の質が高まるようにする。
・児童生徒の興味・関心や得意な面を考慮し、教材・教具等を工夫するとともに、目的が達成しやすいように段階的な指導を行うなどして、児童生徒の学習活動への意欲が育つようにする。
・できる限り児童生徒の成功経験を豊富にするとともに、自発的・自主的な活動を大切にし、主体的活動を促すようにする。
・児童生徒の一人ひとりが集団において役割を得られるように工夫し、その活動を遂行できるようにする。
・児童生徒一人ひとりの発達の不均衡な面や情緒の不安定さなどの課題に応じて指導を徹底する。

(文部科学省　2009より抜粋)

し、仲間とのかかわりを促し、意欲的な活動を育てていくものである。
③生活単元学習：児童生徒が生活上の課題処理や問題解決のための一連の活動を組織的に経験することによって、自立的な生活に必要なことがらを実際的・総合的に学習するものである。
④作業学習：作業活動を学習活動の中心にすえて、働く意欲を培い、将来の職業生活や社会的自立をめざして総合的に学習するものであり、生活する力を高めることを目的とする。単に、職業・家庭（高等部は職業及び家庭）の内容だけではなく、各教科、道徳、特別活動及び自立活動のさまざまな内容を総合した形で扱うものである。作業活動で扱われる作業種目は、農耕、園芸、養鶏、紙工、木工、縫製、織物、金工、窯業、セメント加工、印刷、調理などである。

3）情報機器の活用

情報機器の活用には、①教育の情報化、②困難さをアシストする、という2つの役割がある。

①教育の情報化：知的障害教育においては、児童生徒の興味・関心を引く教材・教具等を用意するとともに、目的を達成しやすいように段階的な指導を工夫するなどして、学習活動への意欲が育つようにすることが重要である。この教材・教具としてコンピュータ等の情報機器が効果的に活用できる。

②困難さをアシストする役割：アシスティブテクノロジー（障害による物理的な困難や障壁（バリア）を、機器を工夫することによって支援しようという考え方　文部科学省　2010）として知られる機器を工夫することで困難さを支援する考え方がある。

表2－2－6のように、他人との意思疎通、日常生活、安全、仕事、余暇等に情報機器が活用されることが望ましい。

4）進路指導

知的障害者に対する教育では、従来から将来の社会参加をめざし、社会人や職業人として必要とされる一般的な知識・技能及び態度の基礎を身につけ

表2－2－6　情報機器等の活用の実際

①教材作成の道具としての活用：課題プリント、コミュニケーションカードの作成、大画面での教材提示、デジカメによる授業の記録等。
②個別の教育的ニーズに応じた活用：児童生徒が自分のペースで繰り返し学習活動が可能。色、形、ひらがな・漢字、言葉の意味、数の概念、社会場面での行動、等。
③表現やコミュニケーションの道具としての活用：文字入力、絵を描く、デジカメでの撮影を用いてメッセージカード、手紙等の作成、ネットワーク上のやりとり、等。
④就労を支援するための情報機器の活用：仕事の道具として活用できることを目指す。情報デバイスの扱い、ネットワーク上のマナーやルール、危険性や対処について学ぶ。

（国立特別支援教育総合研究所　2015　より作成）

表2-2-7 職業教育の各教科の内容

「職業」：勤労の意義、能力態度の育成。
「家庭」：家庭生活を営む能力、態度の育成。
「情報」：情報機器の操作、情報活用の能力態度の育成。
専門学科では「家政」「農業」「工業」「流通・サービス」「福祉」の科目がある。
各内容に関する基礎的・基本的な知識と技術、態度を育成する。

（国立特別支援教育総合研究所　2015　から抜粋）

るようにすることが重視されている（国立特別支援教育総合研究所　2015）。そのため、一人ひとりの課題に応じた具体的な場面を設定し、実際的な活動を通して総合的に学習する作業学習や産業現場等における実習が指導の中心になる。

　すなわち、進路指導においては、作業学習等、実際的な指導を中心として職業教育がなされ、各内容に関する基礎的・基本的な知識、技能、態度が育成されているのである。

5）交流及び共同学習について

　2004年6月に障害者基本法が改正され、第14条に以下のような内容が追加された。

　第14条　国及び地方公共団体は、障害のある児童及び生徒と障害のない児童及び生徒との交流及び共同学習を積極的に進めることによって、その相互理解を促進しなければならない。

　交流及び共同学習は、障害のある子どもの自立と社会参加を促進するとともに、社会を構成するさまざまな人々と共に助け合い支え合って生きていくことを学ぶ機会となり、共生社会の形成に役立つものといえる。知的障害の子どもとの交流学習のあり方の注意点を表2-2-8に示した。

　以上のように、交流及び共同学習をおこなうことは、障害のある子どもの社会参加を促進するのみならず、障害のある子どもの周りのさまざまな人々

表2−2−8　知的障害の子どもとの交流学習のあり方の注意点

①興味・関心をもつことのできる活動を工夫する。
②言葉による指示だけでなく、絵や写真等を用いたり、モデルを示したりすることによって、子どもたちが活動内容を理解しやすくする。
③繰り返しできる活動にしたり、活動の手順を少なくしたり、絵や写真等を用いて手順が分かりやすくなるようにしたりして、見通しをもちやすくする。
④得意とする活動や普段の授業で慣れている活動を行うようにして、活躍できる場を多くする。
⑤子どもの行動の意味や背景等を必要に応じて適切に説明するなどして、子ども同士が理解し合い友だちになれるようにする。

（文部科学省ホームページより作成）

の学びの機会となり、インクルージョンをめざした共生社会を育てるうえで重要である。

　本節では、知的障害の定義と症状について知り、実態を把握し、どんな困難さがあるのかを理解し、教育上の支援のあり方について考えてきた。教育現場では、ここで学んだ指針を参考にしながら、対象となる児童生徒を一人ひとり異なる個性をもった存在として受けとめ、彼らが直面している困難さとあわせて、その個人の強みや周りの豊かな支援を引き出し、多くの人の手で支え合う環境づくりを心掛けていきたい。

文献

国立特別支援教育総合研究所2015　特別支援教育の基礎・基本（新訂版）　ジアース教育新社
文部科学省　2009　特別支援学校学習指導要領解説 総則等編（幼稚部・小学部・中学部）
文部科学省　2010　教育の情報化に関する手引き
文部科学省　2013　教育支援資料
文部科学省　2014　教育支援資料　知的障害
　http://www.mext.go.jp/component/a_menu/education/micro_detail/_icsFiles/af

ieldfile/2014/06/13/1340247_08.pdf（2017 年 8 月 11 日閲覧）
文部科学省ホームページ　特別支援教育について　交流及び共同学習ガイド
　http://www.mext.go.jp/a_menu/shotou/tokubetu/010/001/001.htm#a006
文部科学省　2016　知的障害のある児童生徒のための各教科について　教育課程部会
　特別支援部会（第 6 回）資料 3
　http://www.mext.go.jp/b_menu/shingi/chukyo/chukyo3/063/siryo/_icsFiles/afieldfile/2016/02/29/1367588_01.pdf
坂本　裕・岐阜大学教育学部特別支援教育研究会（編）　2008　特別支援教育を学ぶ（第 2 版）　ナカニシヤ出版
園山繁樹　2003　知的障害の心理と支援　（中村　義行・大石　史博（編）　障害臨床学　ナカニシヤ出版）
吉利宗久　・是永かな子・大沼直樹　2016　新しい特別支援教育のかたち―インクルーシブ教育の実現に向けて　培風館

3 節　肢体不自由

（1）障害の定義と症状

1）肢体不自由とは

　2011 年に厚生労働省が実施した調査によれば、年齢階層別にみた身体障害者手帳の所持者数は、0～17 歳で 72,700 人と推計される。その中で肢体不自由は 42,300 人と、もっとも多い。
　肢体不自由とは、文部科学省就学指導資料（2002）によれば、「四肢及び体幹に永続的な運動機能障害があること」をいう。四肢は上肢と下肢、体幹は脊椎を中軸とした上半身と頸部であり、内臓は含まない。先天性のものと、生後に事故などによって四肢等が切断等されたことによるものがある。
　肢体不自由については、身体障害者福祉法、学校教育法などさまざまなものに定義が記載されている。その中からいくつか紹介する。
　身体障害者福祉法（第 4 条の別表）では、肢体不自由は、①一上肢、一下

肢又は体幹の機能の著しい障害で永続するもの、②一上肢のおや指を指骨間関節以上で欠くもの又はひとさし指を含めて一上肢の二指以上をそれぞれ第一指骨間関節以上で欠くもの、③一下肢をリスフラン関節以上で欠くもの、④両下肢のすべての指を欠くもの、⑤一上肢のおや指の機能の著しい障害又はひとさし指を含めて一上肢の三指以上の機能の著しい障害で永続するもの、⑥1から5までに掲げるもののほか、その程度が1から5までに掲げる障害の程度以上であると認められる障害、となっている。

学校教育法施行令（第22条の3）では、肢体不自由者・障害の程度は、①肢体不自由の状態が補装具の使用によっても歩行、筆記等日常生活における基本的な動作が不可能又は困難な程度のもの、②肢体不自由の状態が前号に掲げる程度に達しないもののうち、常時の医学的観察指導を必要とする程度のもの、とある。

文部科学省の教育支援資料(2013)では、「肢体不自由とは、身体の動きに関する器官が、病気やけがで損なわれ、歩行や筆記などの日常生活動作が困難な状態をいう。肢体不自由の程度は、一人ひとり異なっているため、その把握にあたっては、学習上又は生活上どのような困難があるのか、それは補助的手段の活用によってどの程度軽減されるのか、といった観点から行うことが必要である」と記載されている。

2）肢体不自由の起因疾患

肢体不自由には、中枢神経の損傷による脳性まひを中心とした脳原性疾患が多くみられるが、ほかにもさまざまな起因疾患がある。表2-3-1は、肢体不自由に関する主な疾患である。障害の発生時期、障害の部位、障害の程度などはさまざまであり、一人ひとりの疾患と状態等を十分に把握し、きめ細かな対応が求められる。

形態的側面からみると、先天性のものと、生後に事故などにより四肢等が切断されたことによるものとがある。また、関節や脊柱が硬くなって拘縮（こうしゅく）や変形を生じているものがある。

機能的側面から考えると、中枢神経の損傷による脳性まひを中心とした脳原性疾患が多くみられる。この場合、肢体不自由のほかに、知能の発達の遅

表2-3-1　肢体不自由に関する主な疾患

脳性疾患：脳性まひ、脳外性後遺症、脳水腫
脊椎・脊髄疾患：脊柱側湾症、二分脊髄、脊髄損傷など
筋原性疾患：進行性筋ジストロフィー、重症筋無力症など
骨系統疾患：先天性骨形成不全症、胎児性軟骨異栄養症、モルキオ病
代謝性疾患：くる病、ハーラー症候群、マルファン症候群など
弛緩性まひ：脊髄性小児まひ、分娩まひなど
四肢の変形：上肢・下肢ディスメリー、フォコメリー、上肢・下肢切断
骨関節疾患：関節リューマチ、先天性股関節脱臼、先天性内反足、ペルティス病

(鹿児島県総合教育センター教育資料　2012より作成)

れなど、種々の随伴障害を伴うことがある。また、脊髄と関係のある疾患として、二分脊椎等がある。さらに、末梢神経の疾患による神経性筋萎縮があり、筋固有の疾患として、進行性筋ジストロフィーなどがある。ほかに骨・関節の疾患として外傷後遺症や骨形成不全症などがあるが、頻度は高くない。

3）肢体不自由の起因疾患の変移

　1960年ころまで、肢体不自由の起因疾患の多くを占めていた関節結核や脊椎結核（脊椎カリエス）は、公衆衛生の普及や化学療法等により減少し、脊髄性小児まひはポリオワクチンにより予防されるようになった。先天性股関節脱臼は予防的対応と早期発見によって減少した。

　現在、特別支援学校（肢体不自由）では、脳原性疾患の子どもが7割以上を占めるようになっている。脳性まひは、運動障害のほかに、知的障害、言語障害、感覚・知覚障害やてんかんを伴うことが多く、重度・重複化している。2006年に厚生労働省が行った調査結果では、肢体不自由児の障害の程度は1級・2級が8割近くを占めており、肢体不自由の原因は、事故5％、疾患11％、出生時の損傷28％、その他20％、不明・不詳34％となっている。

4）脳性まひ

　肢体不自由では、脳性まひがもっとも多い。脳性まひは「受胎から新生児

期までに非進行性の病変が脳に発生し、その結果、永続的な、しかし変化しうる運動及び姿勢の異常である。その症状は2歳までに発現する。進行性疾患や一過性運動障害又は将来正常化するであろう運動発達遅延は除外する」（厚生省脳性まひ班会議　1968）と定義される。

　脳性まひには、知的障害が認められることが多く、方向・位置知覚、図と地の弁別、図形の統合的知覚、視覚運動の協応などの視知覚障害も起こりうる。脳性まひの約半数〜7割に何らかの言語障害が認められ、大別すると言語発達の遅れと発語機能の障害がある。このように他の障害が伴うことによって、身体的にも精神的にも多くの問題を抱えていると考えられるため、十分な配慮が必要となる。

　まひの部位には、①四肢まひ（左右の上肢と下肢の両方に、明らかなまひがある状態。多くは重度で、独歩不能が多い。脳の障害範囲が広いため、知的障害を伴う人が多い）、②両まひ（左右の下肢のまひが目立つ状態。上肢の障害は下肢に比べて軽い）、③片まひ（身体の半身がうまく動かない状態。右片まひの場合は左脳、左片まひの場合は右脳の障害が原因）、④対（つい）まひ（左右の下肢にまひを示す状態）、⑤単まひ（四肢のうち、ひとつだけにまひを示す状態）などがある。

　病型分類としては、①痙直（けいちょく）型（筋がこわばったり突っ張っていて、円滑に動かせず、動作がぎこちない。脳性まひで最も多い。関節の拘縮や脱臼、変形が起こりやすく、両まひ、四肢まひとなる。知的障害、てんかん、視覚障害、言語障害などが随伴することもある）、②アテトーゼ型（意志とは無関係に不随意な運動が生じ、姿勢を保つための一定の筋緊張を保つことができず、姿勢が定まらない。知能に問題のない場合が多いが、構音障害を伴うことも多い）、③強剛（きょうごう）型（固縮型）（関節を屈伸させる際に一様の抵抗を伴い、運動が緩慢となる。多くは知的障害や、てんかんを伴う）、④失調型（平衡感覚や協調運動に障害がある。幼児期後半から児童期に歩行可能になる場合もあるが、転倒しやすい。上肢の細かい動作が困難で、不器用な状態。知的障害、視覚障害を随伴することが多い）、⑤混合型（上記の二つ以上の型が混合したもの。混合のタイプとしては痙直型とアテトーゼ型の混合が多い）、などがある。

また、脳性まひなど中枢神経系の障害がある場合、①転導性（必要な刺激に注意が集中できず、不必要な周囲の刺激に無選択的に反応してしまう）、②抑制困難（運動や行動を抑制することが困難）、③固執性（ひとつの物事にこだわったり、状況の変化にすぐに対応できず、気もちの切り替えなどが困難）、④統合困難（部分は理解できても、まとまりをもった全体として構成することが困難）、のような特徴的な行動特性がみられることがある。

（２）かかえる困難

１）運動障害の影響
　肢体不自由児は、身体各部位の運動障害によって日常生活や学習上の運動・動作に困難や機能不全等があるため、身体機能面の課題を把握する必要がある。食事・排泄・更衣などの基本的な生活習慣を身につけにくいことも多く、実際の生活に即してくり返し学習し、適切な生活習慣の形成を図るべく、日常生活の指導を行っていく。
　また、このような運動障害による困難は、姿勢保持の工夫と運動・動作の補助的手段の活用によって軽減されることも多い。肢体不自由児の運動・動作の困難の程度は一人ずつ異なっているので、日常生活や学習上どのような困難があり、それが補助的手段の活用によってどの程度軽減されるのかを見きわめながら把握する必要がある。各種補装具（装具、クラッチ、保護帽、車いす等）の使用や、身体的能力を補うための自助具（食事用具、筆記用具、着脱しやすいボタンやファスナー等）を工夫し、さらに、それらの状態について、適合の状態等の点検をする。
　部位別に具体例をあげると、上肢や目と手の協応にかかわる困難として、例えば文字を書くことが難しい場合に、書くこと自体が目標でないときは書字量を最小限にしたり、タブレット端末等の代替機器を活用する。手指を使った作業が難しい場合は、補助具の利用・改良や、作業手順を単純化したり、作業スペースを十分に確保する。時間がかかることについては、課題を精選し、作業時間を確保する、などが考えられる。
　下肢や平衡感覚などにかかわるものでは、移動や運動等の困難がある。こ

れに対しては、遠隔コミュニケーション手段の利用、体育の授業では特別ルールを設けての参加や、審判としての参加などの対応が考えられる。

体幹に障害があるなどして疲れやすい場合は、休憩時間や集中できる時間に活動させるなど、臨機応変な対応が望まれる。

視知覚機能の障害により、注視・追視・弁別等に学習上の困難がみられる場合は、不要な刺激を減らし、ポイントを指し示す、拡大したり色分けするなど、見せ方の工夫や、教材・教具の工夫をする、コミュニケーション用具（写真、絵カード、文字板、タブレット端末等)を活用し、補助・代替手段を子どもの状態に合わせて工夫する必要もある。

また、集中が途切れやすいことも多いため、声かけなどをしていく必要があるが、本人の意識や努力だけでは解決できない場合もある。例えば補助具の見直しや、維持しやすい姿勢のとり方のさらなる検討が必要なケースもある。ただ声かけなどの働きかけをするだけでなく、それが適切な援助であるか、常に見直す必要がある。

生活経験の拡大、表出・表現する力の育成を工夫し、少しでも行動範囲を広げ、QOL（quality of life：生活の質）を高めるよう努力したい。

2）社会活動の制限による問題

時間はかかるが、本人がなんとか一人でこなせる場合でも、結局、周りが介助してしまうことが多くなる。すると、年齢に応じた技能を獲得できない、自己決定ができない、といったことがおこる。友人と遊んだり、公共交通機関を使ったり、買い物に行くなど外出の機会も、同世代の子どもと比べて少ない。コミュニケーションについても、経験が不足しがちなことによって、場面や相手に応じた対応も学びにくい環境にある。

体験的な学習を工夫することによって、きまりを知って守ることや、挨拶なども含め社会生活・集団生活を営むために必要な知識・技能・態度を身につけられるよう指導する必要がある。

3）伝える力の問題

手足の指をかすかに動かす程度の運動能力しかなくても、その指を動かす

ことで意思を示すことができるケースもある。援助者側がそのサインに気づけず、その子どもの潜在的な能力を見つけられずにいる場合も考えられる。また、子どもが自分で体調不良などを訴えることが困難な場合もある。障害の特徴等の理解を図り、普段から子どもをよく観察することのほかに、発作等への対応を確認しておかねばならない。

（3）支援のあり方

1）多様な障害の状態を考慮する

運動障害以外は健常な能力をもつ場合や、運動障害と知的障害が重複した上にその両方が重度である場合、事故などの中途障害により四肢のいずれかを切断した場合など、肢体不自由といっても状態像が非常に幅広い。障害の種類・程度や心身の発達程度など、一人ひとりの状態を丁寧に見きわめ、経験や興味・関心、生活・学習環境を把握し、その子どもの将来の生活につなげる広い視野をもって、個々に応じた配慮をしていく必要がある。

2）障害だけに注目せず、子どもそのものをとらえる視点

肢体不自由の子どもに、健常児と全く異なる特殊な心理特性があるわけではない。しかし、運動障害や、場合によっては知的障害・言語障害等を伴うことにより、健常児以上に多くの問題を抱えている。同じ障害をもつ子どもは共通した問題を抱えることが多いが、その問題を抱えた子どもを取り巻く環境や、その子どもの元々の性格特徴などは、一人ひとり異なっている。一人ひとりの個別的・集団的交流を通して、その子ども個人を理解する、個性を尊重するといった、教員の姿勢や態度が求められる。

また、子どもの障害や病気をよく理解してかかわることは重要ではあるが、その障害や病気を抱えている子どもそのもの、その子どもの気もちや思いを細やかにみていく必要がある。何か行動をするとき、そこにその子どもなりの思いがあることが多い。その気もちや思いにも配慮したかかわりが大切だといえる。

3）訴えや行動の意図に気づき、情緒の安定を図る

　重度の重複障害の場合は特に、子どもの情緒の安定を図ることが求められる。

　言語手段をほとんどもたない子どもの場合、何を要求しているのか大人が理解できずに、不満足感を与えてしまうことがある。視線、身振り、表情、声の調子などの非言語的コミュニケーションによって、子どもなりに訴えていることがある。筆者が十代のころ、ボランティア先で初めて肢体不自由の女性に食事介助を行ったとき、彼女が目線で次に食べたいものを知らせてくれていることにしばらく気づけなかったことがある。援助に手一杯になるのではなく、かすかなサインに敏感に気づく観察力が求められていることを痛感した出来事であった。

　他にも、身体の動きがぎこちないことによって、伝えたいことがうまく伝わらないこともある。筆者の友人が勤める施設に見学に行ったときのことである。部屋に入った瞬間、手が伸びてきて髪を掴んで引っ張られそうになった。数人の施設職員によって、髪を掴もうとした男性は引き離されたが、突然のことでずいぶん驚いた。後から友人に、「彼は、髪が綺麗だね、と撫でようとしたのだよ」と教わった。身体がスムーズに動かせないために、掴んで引っ張るような動作になってしまったのである。「掴まれそうになった」というのと「撫でようとしたけれど、うまくできなかった」というのとでは、印象が大きく異なる。行動の本当の意図が何であるか、正しく認識することは大切である。

　絶えず温かいまなざしをもって接し、訴えのサインや行動を注意深く観察することで、子どもとの間に相互のかかわりが生まれる。その積み重ねによって、子どもの非言語的な訴えや行動の意図が理解でき、わかってもらえたという安心感がうまれる。子どもの気もちが充足されるようになり、情緒の安定が図られる。子どもの安心感と信頼が得られるよう努力したい。

4）「できること」と「できないこと」

　何ができて、何ができないかをアセスメントすることは重要である。しかし、「できること（良い点）」よりも、「できないこと（良くない点）」のほう

が目立ちやすい。目に留まりやすい、良くない部分だけに着目するのではなく、「できること」や、その子どもの良い点、可能性に丁寧に気づいていく必要がある。

また、「できないこと」を「できるようにする」ことが、特別支援教育の使命とは言えない。「障害を抱えた子どもを健常な状態に近づける」というよりも、その子らしく、自分の力をできる限り発揮して、より良く生活できるように援助する。その子どもにとって、より豊かな人生が送れるように、それを実現する力をはぐくむ支援を考えていくことを心がける必要がある。

5）問題志向的に考える、課題中心の見方

現実に、何がどのように問題になっているのか、どの部分を変えることができるのか、それを誰がどのようにすることができるのか、という考え方が重要である。例えば重度の脳性まひの子どもが、将来的に大きく回復し、一人で生活できるようになるとは考えにくい。どんなに頑張っても、子どもの可能性の限界が感じられることも多い。しかし、そこで諦めてしまうのではなく、その子どもが他の子どもたちや保護者や先生、あるいは地域社会の人々とのかかわりの中でどのように生きていて、そこにどのような困難があるのか、それを解消したり軽減するために誰がどんなことができるのか、という見方をすることによって今何をするべきか見えてくる。その積み重ねが、結果的にその子どものQOLの向上につながっていくと考えられる。

6）通常学級児との交流

訪問授業を受けている障害児宅に通常学級児が訪問する形の交流や、身近な居住地にある学校へ本人が出向いての交流が、障害児の自発性や主体性を引き出すケースも多い。

重複障害を抱える場合などは、病室が生活の場であったり、かかわる対象も家族、医療従事者、訪問指導の先生が中心で、他の子どもたちとふれ合う機会がほとんどないことが多い。そんな中で、同世代の子どもと訪問交流をすることで、生き生きした表情が増えたり、積極性が出てくる子どももいる。

居住地校交流では、普段、自宅や病室にいるときにはできない体験が増え

る。授業に参加できる場合は、音楽の楽器練習や理科の実験、また学校行事に参加したり、図工作品を発表することなども考えられる。また、仲が深まっていく中でわがままを言って学校の友人に怒られたり、級友と一緒に担任の先生から叱られたりといった体験は、訪問学習を受けている子どもにはなかなかできない。これらのことは、社会性や、よりよい人間関係を育てることにもつながると考えられる。

　通常学級の子どもにとっては、普段あまり接することのない、障害を抱えた仲間が同じ場にいることで、自然に障害を知ることになったり、相手に合ったコミュニケーションを工夫したりするようになる。このような形で障害を抱えた人と出会い、かかわりを深めていくことによって、大人になってからも障害者に対する偏見をもたずに接することができるようになるのではないか。ノーマライゼーションについて大人になってから学ぶよりも、幼いころから、障害の重い人や軽い人、障害がわかりにくい人、障害がない人、いろいろな人とあたり前に過ごすことで、感覚として身についてくることもあると期待したい。

文献

安藤隆男・藤田継道（編）　2015　よくわかる肢体不自由教育　ミネルヴァ書房
鹿児島県総合教育センター　2012　教育資料 特別支援教育 肢体不自由
　　http://www.edu.pref.kagoshima.jp/curriculum/tokusikyou/rink%20siryou/syougairikai/rikaishitai.pdf　より抜粋、加工して使用
文部科学省教育支援資料　2013　4.肢体不自由
　　http://www.mext.go.jp/component/a_menu/education/micro_detail/__icsFiles/afieldfile/2014/06/13/1340247_09.pdf　より抜粋、加工して使用
文部科学省教育支援資料　2013　参考資料
　　http://www.mext.go.jp/component/a_menu/education/micro_detail/__icsFiles/afieldfile/2014/06/13/1340247_16.pdf　より抜粋、加工して使用
篠田達明(監)　2015　肢体不自由児の医療・療育・教育 改訂3版　金芳堂
全国肢体不自由養護学校長会（編）　2005　新たな肢体不自由教育実践講座　ジアース教育新社

4節　病弱・身体虚弱

（1）障害の定義と症状

1）病弱・身体虚弱とは

　病弱という言葉は医学用語ではなく、心身の病気のため弱っている状態を表す一般的用語である。だが、一般に病弱とは、疾病が長期にわたっているもの、または長期にわたる見込みのもので、その間、医療または生活規制が必要なものをいう。このような状態が継続して起こる、または繰り返し起こる場合に用いられており、例えば風邪のように一時的な場合は該当しない。病状が重度であっても急性、一過性のものは病弱に含めない。

　身体虚弱という言葉も、病気ではないが身体が不調な状態が続く、病気にかかりやすい、といった状態を示す一般的用語であるが、その概念にはさまざまなものが含まれる。一般的に身体虚弱とは、先天的または後天的な原因により身体諸機能の異常を示す、疾病に対する抵抗力が低下する、またはこれらの状態が起こりやすいため、学校に出席することを停止する必要は認めないが、長期にわたり健康な者と同じ教育を行うことによって健康を損なうおそれがある程度のものとされる。

　学校教育法施行令第22条においては、病弱者の障害の程度は、①慢性の呼吸器疾患、腎臓疾患及び神経疾患、悪性新生物その他の疾患の状態が継続して医療又は生活規制を必要とする程度のもの、②身体虚弱の状態が継続して生活規制を必要とする程度のもの、とされている。従来、病弱は6か月以上の医療または生活規制を必要とする程度のもの、身体虚弱も6か月以上の生活規制を必要とする程度のものとされていたが、2002年に一部改正となった。治療効果等に個人差があり、医療や生活規制に要する期間の予見が難しいことや、入院期間の短期化と入院の頻回化傾向がみられることなどを踏まえて「6か月以上」という規定が「継続して医療又は生活規制を必要とする程度のもの」と改められた。

　また、「継続して医療を必要とするもの」とは、病気のため継続的に医師か

らの治療を受ける必要があるもので、医師の指導にしたがうことが求められ、安全面及び生活面への配慮の必要度が高いものをいう。「継続して生活規制を必要とするもの」とは、安全や生活面への配慮の必要性が高く、日常生活に著しい制限を受けるものの、医師の治療を継続して受ける必要はないものをいう。

2）実態の変移と多様化

　かつては、結核は国民病とよばれるほど日本における代表的な疾患であったが、公衆衛生や抗生物質の普及等により結核性疾患等の感染症が激減した。1970年ごろからは高度成長期とあいまって喘息（ぜんそく）などの呼吸器アレルギー疾患が増え、1970年代には腎疾患の割合が増した。1980年代後半からは心身症等の比率も年々高まり、白血病等小児癌などの悪性新生物疾患も一定の割合を占めるようになってきた。中枢神経系の感染症、頭部外傷、脳血管障害、脳腫瘍術後等には、原疾患の治療終了後に高次脳機能障害が残る場合があることもわかってきた。このように、病種は肺結核など感染症を中心とした時代から慢性疾患の時代へと変化している。入院の短期化傾向から入院中に教育を受ける子どもは減少傾向にあるが、依然として長期入院を必要とする子どももいる。また、通常学級でも痰（たん）の吸引などの医療的ケアを必要とする子どももいる。

3）対象となる疾患等

　病弱・身体虚弱の子どもに対して行われる教育（以下、病弱教育）の対象となる疾患としては、①気管支喘息、②腎臓病（慢性糸球体腎炎、ネフローゼ症候群）、③筋ジストロフィー、④悪性新生物（白血病、リンパ腫、脳腫瘍）、⑤心臓病（心室・心房中隔欠損、心筋症）、⑥糖尿病（1型・2型糖尿病）、⑦血友病、⑧整形外科的疾患（二分脊椎症、骨形成不全症、脊柱側弯症）⑨てんかん、⑩重症心身障害、⑪アレルギー疾患（アトピー性皮膚炎・食物アレルギー）、⑫肥満（症）、⑬心身症（反復性腹痛、頭痛、摂食障害）、⑭うつ病等の精神疾患（幻覚・妄想、希死念慮）、⑮その他、がある。

　病弱教育の対象となる病気の種類は多様である。上記以外の疾患も対象と

なることや、疾患名だけで判断するのではなく、病状や必要とされる教育的支援の内容等を踏まえて判断する必要がある。

4) 病気も障害としての側面をもつ

経過の短い急性疾患とは異なり、病弱及び身体虚弱の子ども（病弱児ともいう）の慢性疾患は生涯にわたって付き合っていくか、かなりの長期にわたって治療や生活規制を必要とするものである。恒常的に治療や生活規制を必要とすることは、子どもの行動や生活に何らかの制限が長期的にかかることになる。そのため、障害という言葉を行動や生活を制限するものととらえれば、慢性疾患もまた、障害としての側面をもつと考えられる。身体虚弱であっても、何らかの制限を受けながら毎日の生活を送らねばならない障害児としての側面をもつことになる。

（2）かかえる困難

1) 就学の問題

医学・医療の進歩によって、入院の短期化・頻回化など、病弱児の治療・療養生活は変化している。継続して入退院を繰り返したり、定期的な通院が必要であったり、医療機器の使用条件や感染症予防等のため通常学級での学習参加が困難といった多様なケースが出ており、それらに対応できるさまざまな形の教育の場が用意され、適切な教育を受けられるようにつないでいくことが重要である。

教育というのは、単に教科の学習をすることだけではない。例えば、長期にわたって治療や療養が必要な子どもたちは、ともすれば「してもらう」「頼りにする」とか「できない」という経験が増えてしまいがちである。教育の場の中で、「自分でする」ことや、友人に「頼りにされる」、間違えたり失敗しながらも「できた」、などといった経験を重ねることも、子どもの主体性を養い、自己肯定感をはぐくむことにつながると考えられる。

しかし、入院中は勉強したくないという子どもや、病気の子どもに無理をさせたくないと考える保護者、入院中も教育を受けられることを知らない保

護者もいる。猪狩(2016)は、医療の必要な子どもにとっての教育は、「患者としてではなく、子どもの発達の可能性に依拠し、学ぶ喜び、生きることへの夢と希望を子ども自身の中に育てる」とし、「受け身の治療や介護ではなく、主体的な学習によって『もっとやりたい！』『また明日！』という見通しと期待をふくらませていく。医療管理の比重が大きい子どもだからこそ、日常を大切にする必要がある」と述べている。子どもや保護者に、病弱教育の制度や意義も含め適切な情報を伝え、子どもが入院したときや退院後も適切な教育的対応ができるようにする必要がある。

また、不登校の子どもの中にも病弱教育の対象者が含まれていると予測される。入院している子どもだけが特別支援教育の対象となるのではなく、通常学級にいる病気の子どもや、病気をきっかけに不登校になった子どもも対象となることを理解し、相談や支援にあたる必要がある。

２）心理社会的な課題

病弱・身体虚弱の子どもは、学習や病気・治療などに対する不安や、生活規制等によるストレスなどを抱えていることが多い。入院中の場合には、家族と離れて生活する不安も考えられる。また、入院や通院等のため、対人関係形成に影響が出やすかったり、学習の遅れ、学校集団からの分離が大きな問題となりやすく、さらには治療と学業の両立もさせなければならない。このため、医療者・保護者らと連携を図って教育の場を確保し、学業を保障することで、家庭や地域での生活や、学校生活にもどりやすくする必要がある。

思春期の子どもの場合は、急速な身体的変化、アイデンティティの確立、親からの心理的な独立、将来について考える時期であるなど、心身ともに不安定になりやすい状況にある。そのような時期に、他の多くの健常な友人たちと異なる状況にあることは、大きな不安や、劣等感などを感じさせやすい状態にあるといえる。このため、学習面や治療面だけでなく、心理面についても十分に配慮して指導にあたることが必要となる。

（3）支援のあり方

１）教育内容・方法の配慮

　入院や手術、病気の進行への不安などを理解し、健康状態に応じた指導を行う。アレルギーの原因物質の除去、病状に応じた適切な運動など、医療機関と連携した指導をし、心理面・健康面に配慮する必要がある。

　また、実施が困難な学習内容については、変更・調整を行う。例えば、習熟度に応じた教材準備や、実技は実施可能なものに変更したり、入院等による学習空白を考慮した学習内容に変更・調整する。一般に、病気の治療や生活規制等によって、授業時数の制約、身体活動の制限及び経験の不足などが見られる。そのため、教科指導では指導内容を精選したり、指導方法や教材・教具を工夫するなどして、学習効果を高めるよう配慮する。

　さらに、身体活動を制限されることから直接的な体験が不足しがちなため、特別活動等の指導を通して、校内や校外においてさまざまな体験が得られるよう配慮する。例えばICT等を活用し、間接的な体験や他の人とのコミュニケーションの機会を提供することも考えられる。

２）支援体制の配慮

　病弱・身体虚弱は支援の対象となる病気の種類が多いだけでなく、病気の状態や背景なども多様なため、子どもの実態を的確に把握し、支援体制を整えておくことが重要である。学校生活を送る上で、病気のために必要な生活規制や支援を明確にし、主治医や保護者からの情報に基づく適切な支援や、保護者との連絡帳によるやり取りを通して日々の体調把握を行うなど、急な病状の変化に対応できるよう体制を整備する。医療的ケアが必要な場合には、看護師等医療関係者との連携を図り、病状が急変した場合に即応できる体制づくりにも努める。

　物理的な配慮としては、校内全体のバリアフリー化、病気の状態に応じた施設・設備の整備、災害等発生時に迅速に避難できない子どものための避難方法や経路の確保、薬や非常用電源の用意といった、災害時も考慮した支援体制を整えておく必要もある。

3）医療ケアを行う看護師等の配置

　文部科学省が行った、2015 年度特別支援学校等の医療的ケアに関する調査結果によると、全国の公立小中学校において、日常的に医療的ケアが必要な児童生徒は839名で、医療行為別に見ると、痰の吸引等呼吸器関係が49.3％、導尿が 21.6 ％、経管栄養等栄養関係が 19.3％、その他が 9.8％であった。医療的ケアに対応するため配置されている看護師は 350 名で、看護師配置が進んでいない実態が見られる。

　全国の公立特別支援学校においては、医療的ケアに対応するために配置されている看護師と、認定特定行為業務従事者として医療的ケアを行っている教員は、2006 年度から増加傾向にあるが、一般の小中学校においては依然として少ない。痰の吸引さえできれば、通常学級で生活できる子どももいるが、咽頭や気管切開部の奥の方からの痰の吸引は、認定特定行為業務従事者では行うことができず、看護師が常時ついていなければならない。公立小中学校においても充分な人数の看護師等の人員設置が急がれる。

4）保護者への支援

　教師は、保護者をはじめとする病弱児の家族との信頼関係を構築し、子どもの抱える問題に家族と一緒に立ち向かう姿勢を心がける必要がある。保護者の気もちや行動を理解することや、他の兄弟姉妹の気もち（例えば、病弱児のケアに手一杯な両親と過ごせる時間が少なくて寂しさを感じているということもある）を知ることも大切である。自分の子どもの障害を受容できていない保護者もいる。さまざまに思い悩んだりする保護者の言動の背景に思いをはせ、気もちに寄り添う努力をしなければ、保護者との連携・協力体制をつくるのは難しいと考えられる。

5）病気の自己管理能力

　病弱教育において、子ども自身が自分の病気の状態を理解し、その改善を図り、病気の進行防止などに必要な生活様式についての理解を深め、それに基づく生活の自己管理能力を育成することは重要である。病弱児にとって必要なのは、他人から規制されることではなく「自己管理」することである。

「生活の自己管理能力」とは、運動や安静、食事などの日常の活動において、正しく服薬し、病気や障害の特性を理解して心身の状態に応じた参加可能な活動を判断し、必要なときに必要な援助を求めることができること、などを意味する。

ただ、病弱児の生活規制・管理を考えるときに、配慮しておかなければならない点がある。まず、医療や規制・管理をする側とされる側の認識の違いである。食事や運動の制限や、服薬をずっと守り続けることなどは、医療や規制をする側からすると当然のことであり、身体や命を守るために必要な「やってあたり前のこと」ととらえがちである。しかし、医療や規制をされる側からすると、医療従事者や周りの大人たちから言われて「仕方なくやらねばならないこと」であることが多い。子どもがほかの健康な友人たちと同じように、外で鬼ごっこやドッジボールをして遊んだり、サッカーなどスポーツをしたいと思ったり、お菓子を食べたいと思ったりするのは、考えてみればあたり前のことである。それらは一般的に子どもがやりたいと思うことであって、ことさら特殊な願いとはいえない。それを、子どもらしい素直な気もちから「やりたい、食べたい」と表現しているのに対し、頭ごなしに「何を言っているのか、無理に決まっている」といった態度は援助的なかかわりとは言い難い。「そうだね、やりたいね、でもよく我慢しているね」といった共感的な態度でかかわることが望ましい。

次に、報酬刺激がない状態で、医療や規制を守り続ける必要がある点である。子どもたちは、さまざまな規制を守らねばならないが、それを継続していくことも要求されている。慢性の疾患などにおいては、医療や規制を正しく継続しても、治癒するものではない。「治って元気になる」という報酬刺激がない状態で、医療や規制を守り続けなければならないのである。さらに、罰刺激もすぐに実感されるとは限らない。規制を少し守れなくても、すぐに身体の不調となって実感されたり、病状が悪化するとは限らない。しかし、病状管理を長期にわたって怠ると、最終的には病状悪化という罰刺激を受けることになってしまう。こうした状況は、コントロールできない嫌悪刺激を与えられる経験を積み重ねることによって無気力状態に陥ったり、学習性無力感を引き起こすことにもなりかねない。そのため、その子どもの学習や生

活のようす、友人関係などの実態を理解したうえで、日頃の子どもの希望を把握し、管理を頑張って数値が良くなったら皆と行事に参加できるなど、管理を維持することが希望の実現につながるような目標設定をしたり、本人が達成感を得られるようにするなど、将来に対する希望や夢を維持できるようにすることも大切である。

　このようなことを踏まえたうえで、だからこそ、自分で自分の身体や病気などの状態を正しく理解し、主体的に自分を管理する力を身につけていくための指導を行っていく必要があると考えられる。

文献

藤野信行(編)　2004　新版 障害者心理学 建帛社
猪狩恵美子　2016　重症児教育からみた特別支援学校の動向と評価 障害者問題研究, 44(1), 10-14.
国立特別支援教育総合研究所　2011　特別支援教育情報 5.病弱・身体虚弱教育
　　https://www.nise.go.jp/cms/keywords/1.-.kwstring.9.html
宮本信也・土橋圭子(編)　2015　病弱・虚弱児の医療・療育・教育 改訂3版 金芳堂
文部科学省教育支援資料　2013　5.病弱・身体虚弱
　　http://www.mext.go.jp/component/a_menu/education/micro_detail/_icsFiles/afieldfile/2014/06/13/1340247_10.pdf

5節　発達障害

　発達障害は、脳の働き方の偏りによって物事のとらえ方や行動に目立った特徴が現れ、そのことで日常生活に困難が生じる状態のことである。
　コミュニケーションや対人関係をつくるのが苦手であったり、予定を忘れてしまったりと、その行動や態度から誤解されたり、かかわりを敬遠されることも少なくない。本人が困っていたり、周囲が戸惑ったりする言動の背後にある特性を理解して、周囲が配慮したり本人が社会や生活のルールを覚えていけるような支援を得ることで社会的な適応力が高まり、生きづらさが軽

減される。
　発達障害者支援法（2004）では、発達障害を「自閉症、アスペルガー症候群その他の広汎性発達障害、学習障害、注意欠陥／多動性障害、その他これに類する脳機能の障害であってその症状が通常低年齢において発現するものとして政令で定めるものをいう」と定義している。また、この法律では、知的障害をともなう自閉症も対象に含んでいる。
　アスペルガー症候群、注意欠陥／多動性障害、学習障害など知的障害を伴わない場合が多い発達障害を、軽度発達障害と呼んでいた時代もあったが、現在は、「知的な遅れがないという意味で障害そのものが軽いわけではないのに、誤解を生じやすい」ということで使用されなくなった。文部科学省（2007）もこの名称を今後使用しないという通達を出し、「学術的な発達障害と行政政策上の発達障害とは一致しない」ことにもふれている。
　文部科学省が小中学校の教師を対象に、発達障害の可能性のある児童生徒の割合について行った調査（2012）では、知的発達に遅れはないものの学習面で困難を示す児童生徒の割合が4.5％、学習面別では「聞く」「話す」に著しい困難を示す児童生徒の割合は1.7％、「読む」「書く」では、2.4％、「計算するまたは推論する」では2.3％におよぶと報告されている。読みの困難については、男子が女子より多いという結果が示されている。また、「不注意」の問題を著しく示す児童生徒は2.7％、「多動性－衝動性」は1.4％と報告されている。発達的な側面で何かしらの困難さをもつ子どもが一定割合いることを示すデータである。
　発達障害の原因は、中枢神経系に何らかの発達の偏りや機能障害があると推定されているが，まだ明確にはなっていない。特性の現れ方が同じでも、生活に支障がなければ診断として障害となされない場合や、障害の傾向があっても診断に至っていない子どももいる。
　それぞれの障害の特徴もあるが、重なり合う部分もあり、「障害」ということにとらわれず、一人ひとりの特性にあった配慮や支援を考えることが子どもを育む上で重要だといえよう。

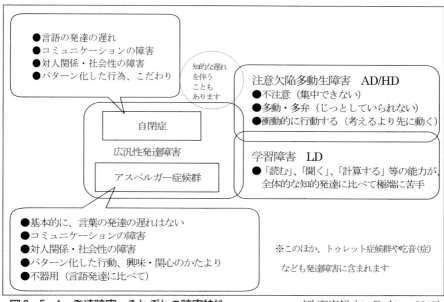

図2-5-1　発達障害：それぞれの障害特性　　　　　　（政府広報オンライン　2013）

（1）学習障害（Learning Disabilities：LD）

「学習障害」は、1963年にアメリカでカーク（Kirk, S.A.）により教育学的観点から提唱された障害概念である。1963年以前には読み障害、脳機能不全、脳損傷などとさまざまな表現をされてきた。

日本で学習障害（LD）という概念が取り上げられ始めたのは1960年代で、知的発達の全般的な遅れはないのに、認知発達の偏りから学習能力の困難があるケースを総称する言葉として教育界で広がっていった。

1）障害の定義と症状

「学習障害児に対する指導について（報告）」（学習障害及びこれに類似する学習上の困難を有する児童生徒の指導方法に関する調査研究協力者会議　1999）において、学習障害は、以下のように定義されている。

基本的には全般的な知的発達に遅れはないが、聞く、話す、読む、書く、計算する又は推論する能力のうち特定のものの習得と使用に著しい困難を示すさまざまな状態を指すものである。

学習障害は、その原因として、中枢神経系に何らかの機能障害があると推定されるが、視覚障害、聴覚障害、知的障害、情緒障害などの障害や、環境的な要因が直接の原因となるものではない。

「著しい困難を示す状態」とは、小学校2・3年生では、1学年以上の遅れ、4年生以上または中学生では2学年以上の遅れがある場合となっている。

学習障害の症状の種類はさまざまなものがある。「国語の勉強は普通にできるのに、算数の問題だけ全く解けない」「会話能力には問題ないのに、本を読むのが極端に遅く内容も満足に理解していない」というように、ある特定の能力に偏りが見られる。また、同じ「読む」ことの困難さでも、ひらがなは問題なくても漢字が苦手など、その状態像は異なる。知的発達の遅れがないため症状を見逃しやすく、特性が理解されないと努力不足と見られがちである。「読む」と「書く」など、複数の能力の習得と使用に困難を示す場合も少なくなく、全般的に知的発達に遅れがある場合と明確に区別し難い場合も存在する。

就学して文字や数字を扱う場面が増える小学校2〜4年生頃に、成績不振などから学習上の困難が顕在化することが多く、幼少期においては周囲から気づかれずに成長する場合も少なくない。また、その困難の状態や困難の程度によって明らかになる時期が異なってくる。困難さの結果、学業に意欲を失い、自信をなくしてしまいがちである。早期発見により、早い時期から適切な支援を受けることは、発達や負担の軽減につながるといえよう。

代表的なものとしては、読みの困難にある「読字障害」(Dyslexia)、書きに困難のある「書字表出障害」(Disgrafia)、計算や推論に困難のある「算数障害」(Dyscalculia)があげられる。学習障害は、教育的定義の他に医学的定義があり、対象領域に若干違いがある。

医学的定義はアメリカ精神医学会の「DSM-5」(2013)に基づき、「限局性学習症／限局性学習障害」(Specific Learning Disorder)となっている。診断

基準は、①読字の障害を伴う、②書字表出の障害を伴う、③算数の障害を伴う、として教育的定義よりも領域が狭くなっている。特に読み書き困難を顕著に示す場合には、発達性読み書き障害）とされている。

以降は、教育学定義に基づいた解説である。

2）かかえる困難

学習障害は、中枢神経系（脳と脊髄）の機能障害が背後にあると推定

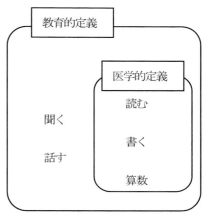

図2−5−2 教育的定義と医学的定義

されている。それにより、認知（情報処理）過程、すなわち、情報を「受けとめ、整理し、関係づけ、表出する過程」のどこかに十分に機能しないところがあり、その結果学習面での深刻なつまずきが生じると考えられている。

学習上でつまずきとなる内容は、学齢があがるにつれて変化する。読み書きの指導であれば、小学校の低学年では仮名文字の読み書き、次第に漢字の読み書きや読解につまずきが見られるようになっていく。

「読む」という作業は、文字という視覚的な情報を頭の中で音に変換する作業が必要なため、認知能力とも深くかかわっている。また、視覚的刺激を処理する力につまずきがある場合には、読み・書きといった視覚性言語をはじめとする学習全体に影響を与える。その他にも、記憶する能力、学習したことを蓄積する力、注意力やモチベーションなども大きく関連してくる。また、困難さは児童生徒の内的要因だけではなく、指導方法や教材といった外的な刺激の性質によって左右されることも少なくない。

①読む（読字障害）

文字の見え方に特徴があり、目の動きによる見え方の違いがかかわっている場合がある。目で追う「追視」が難しい、ピントをあわせる機能がうまくいかず、文字がぼやける、黒いかたまりになって見える、逆さまに見える、図形に見えるなど、

違った見え方になっていることが考えられる。また読字障害があると、結果として文字を書くことにも困難を感じる場合が多い。
・音読が遅い、スムーズに読めない。
・文中の語句や行を抜かしたり、またはくり返し読んだりする。
・どこを読んでいるのかが分からなくなり、文字や行をとばして読んでしまう、語尾を変えてしまう。
・形態の似た文字「わ」と「ね」、「シ」と「ツ」などを読み間違える。
・特殊音節（拗音・長音・促音）であらわされる文字を発音できない（「っ」「ゃ」「ょ」）。
・読めない文字を想像力で補い、勝手読みをする。
・ふだん使わない言葉や初めて出てきた言葉を読み間違える。
・意味で区切って読むことができず、一字ずつ読む（逐字読み）。
・文章の要点を正しく理解するのが難しい。
・漢字の訓読みと音読みを使い分けることが苦手。

②書く（書字障害）

　見たものの奥行きや、左右・上下の位置関係を認識する力が弱いと、文字の形や大きさを適切に書くことが難しくなる。文字が読めるのにもかかわらず書けない場合もある。手先の不器用さから、鉛筆を正しく持てない、適度の筆圧を保てないなどということもある。脳から身体に指示を出して手を動かすという伝達機能がうまくいっていないと推測されている。板書を写すことが難しい場合には、見た文字や聞いた話を一時的に保持するワーキングメモリにつまずきがある場合もある。
・読みにくい文字（字の形や大きさが整っていない、まっすぐに書けない）を書く、マス目からはみ出す、鏡文字を書く。
・漢字の細かい部分を書き間違える（線が足りない、または多い、偏は書けるが旁が書けない、偏と旁を逆に書くなど）。
・句読点、拗音を書くのを忘れる、間違った位置に書く。
・形の似た文字を書き間違える。
・限られた量の作文や決まったパターンの文章しか書かない。
・黒板やプリントの字が書き写せない、時間がかかる。
・漢字が苦手で、覚えられない。

③算数(計算する、推論する)
　数字そのものの概念、規則性、推論が必要な図形の領域を認識するのが困難である。また、視覚認知の機能が弱く、数字を揃えて書く、バランスを考える、文字間の距離を取るなどを苦手とする。そのため、筆算を書く際に桁がずれることも生じる。手先の不器用さから、コンパスや定規などで線や図形を描くことが難しい場合もある。

＜計算＞
・学年相応の数の意味や表し方についての理解が難しい(三千四十七を300047や347と書く、分母の大きい方が分数の値として大きいと思っている、小数の意味が理解できない)。
・簡単な計算が暗算でできない(指を使わないとできない)。
・計算をするのにとても時間がかかる。

＜推論＞
・学年相応の量を比較することや、量を表す単位を理解することが難しい(長さやかさの比較、「15cm＝150mm」など)。
・学年相応の図形を描くことが難しい(図形の模写、見取り図や展開図)。
・事物の因果関係を理解することが難しい。
・目的に沿って行動を計画し、必要に応じてそれを修正することが難しい。
・早合点や、飛躍した考えをする。

④聞く
　注意力が弱いと聞き漏らしがあったり、聴覚過敏があると周囲のわずかな音でもきき取れなかったり、必要な音を選んで聞き取る力が弱い場合がある。
・聞きもらし、聞き間違いがある(「知った」→「行った」)。
・個別に言われると聞き取れるが、集団場面では難しい。
・話し合いが難しい(話し合いの流れが理解できず、ついていけない)。

⑤話す
　脳内の情報処理能力のつまずきにより、脳内の情報を整理して文章として出すことが難しい。
・適切な速さで話すことが難しい(たどたどしい、とても早口)。
・言葉につまったりする。

- 正しい音で発音できないことがある。
- 不自然なトーン・抑揚で話をする。
- 単語を羅列する、短い文で内容的に乏しい話をする。
- 思いつくままに話すなど、筋道の通った話をするのが難しい。
- 内容をわかりやすく伝えることが難しい。

3）支援のあり方

　学習障害のある子どもは、学習面の不全感から学級における活動への参加意欲の低下が生じやすく、できない自分の状態を認識して学習性無力感を形成しやすい。また、他の障害が併存する場合も多いため、それぞれの特性を考慮することが必要となる。

a. 実態の把握

　次に、担任として、また学校体制で把握すべき実態の側面についてあげていこう。

　①担任として：支援のためには、子どもが何に困っているかという実態を把握することが重要である。「授業時の子どもの困っているようす」「時間をかけて指導してもなかなか身につかないなど指導上の困難」「保護者からの学習の難しさの相談」のような気づきの機会がある。
　　子どもの状況や指導上の困難さに気づいたら、「いつ」「どこで」「どのような時」「どんな問題が起こるか」を観察し、問題となっているつまずきや困難さを把握する。また、つまずきや困難さだけでなく、できていること、得意なこと、興味・関心のあることなどの情報も集めておくことが大切である。
　②学校体制として：担任の理解だけでは判断や支援方法の適切さの判断が難しく不安もある。学年会や校内委員会など、相談しやすい校内支援体制が望まれる。また、校内外の研修などを受けて理解を深めることも大切である。

b. 学習面の支援

　さらに、担任として、また学校体制で把握すべき学習支援の側面について

あげていこう。

①読む：文字と音を正確に関連づけ、音節や単語などへ目標を広げたり、「追視」がしやすい工夫をする。
・文字はイラストと照らし合わせながら覚えられるようにする。
・大きな文字で書かれた文章を指でなぞりながら読む。
・文節ごとにスラッシュを入れて区切りごとに読む。
・特殊音節は、視覚化してみせる。
・読んでいる行だけが見えるような穴の空いたシートを使う。
②書く：本人の理解力に合わせて文法を1から教える、文字のつづりや文章の書き方の練習を継続して行う。
・言葉とともに絵や写真など視覚的な手がかりを提示する。
・大きなマス目や補助線の入ったノートにゆっくりと書く。
・漢字の偏と旁をパズル形式にして正しい組み合わせを選ぶ。
③算数：簡単な足し算、引き算から始めて、反復練習を積む治療教育を行う、得意な部分でできたことを褒めて困難感の軽減を図る。
・絵やグラフなどを使い、理解しやすい状況をつくる。
・九九が苦手な場合は、数字そのものの概念を丁寧に教える。
・図表・絵を使って視覚化する。
・時には、電卓の利用も許可する。
④話す・聞く
「話す」では、正すよりも「補う」ことを意識する。
・言葉を補ってあげる、付け足しなどをする。
・言葉が出ない時には代弁をして確認する。
「聞く」では、聴覚より視覚優位性に配慮する場合が多い。
・写真や絵などを使って判りやすくする、時には文字を使う。
・周りの環境を静かにするなどの配慮をする。

c. 心理面の支援
子どもの苦手に合わせた工夫をする、「やればできるのに」などと叱らずに

一緒に工夫する、文字や絵にして伝える、話し方のルールを覚えさせるなど、少しずつできるようにしていくことが大切である。十分な結果を出した場合にはしっかりと褒めるなど、心理教育を行って精神的な困難さを取り除くことも大切である。

学習障害は脳機能の障害であるため、できないことを無理強いすると、自己肯定感の低下やうつなど二次障害を引き起こす。予防と改善を常に意識して対応し、できることを伸ばしていくような支援を心がけることが必要である。

d. 特別な場所での指導

学習障害のある子どもの実態については保護者と情報交換をし、特定のことがらの習得が困難と分かった場合には、きめ細かく、根気よく対応する。また、専門家と連携し、より専門的な観点から支援についてアドバイスを受け、子どもの成長や環境に合った支援を図ることが必要である。

①通級による指導：障害による学習上または生活上の困難の改善を目的とする「自立活動」が中心となるが、「各教科の補充指導」も行うことができる。「自立活動」は生活上の基本的な行動を遂行するために必要な要素と、障害による学習上または生活上の困難を改善するために必要な要素で構成されている。また、「各教科の補充指導」は必要がある場合に状況に応じて行われる。通常の学級における指導と通級による指導をつなぐためには、担任や学校体制、保護者と通級の担当教員との連携が重要である。また、校内の特別支援コーディネーターとの定期的な情報交換も重要である。
②通常の学級における配慮：安心して生活できるために、努力している面や得意な面を積極的に評価する。活躍できる場を意図的につくり自信がもてる機会を増やしていく。障害特性面については、子どもの特性を把握した上で、指導形態や「指示の伝え方」「課題の出し方」などを工夫し、ティーム・ティーチングや少人数学習等の活用も考えていく。いずれも保護者との共通理解をもちながら取り組むことが重要である。

（2）注意欠陥／多動性障害（Attention-Deficit/Hyperactivity Disorder：ADHD）

　注意欠陥／多動性障害とは、「おおよそ、身の回りの特定のものに意識を集中させる働きである注意力にさまざまな問題があり、又は衝動的で落ち着きのない行動により、生活上、さまざまな困難に直面している状態」（文部科学省 2013）のことである。

　古くから、このような症状を示す子どもたちのことは知られており、1902年にイギリスの小児科医スティル（Still, G. F.）が、医学の立場から脳損傷や遺伝・環境要因による「道徳的統制の欠如」の障害ととらえた。その後、微細な脳損傷が行動面や学習面の問題を引き起こすのではないかと考えられるようになり、1962年、「微細脳機能障害」（Minimal Brain Dysfunction：MBD）と呼ばれるようになった。さらに、行動面の問題と学習面の問題を別々にとらえるようになり、学習面の問題に対しては「学習障害」（Learning Disability：LD）として取り扱われるようになった。

　一方、行動面の問題は、1968年、アメリカ精神医学会の「精神障害の診断と統計マニュアル」（Diagnostic and Statistical Manual of Mental Disorderes-Ⅱ：DSM-Ⅱ）で、児童期における精神疾患として「子どもの多動性反応」という診断名が採用された。その後 DSM-Ⅲ（1980）では、「注意欠陥障害」（Attention Deficit Disorder：ADD）、DSM-Ⅲ-R（1987）では、「注意欠陥多動性障害」（Attention Deficit Hyperactivity Disorder：ADHD）、DSM-Ⅳ（1994）では、「注意欠陥／多動性障害」（Attention Deficit/Hyperactivity Disorder：AD/HD）と変化した。現在、医療での診断名はDSM-Ⅴ（2013）に基づき、日本語表記は、「注意欠如・多動症」となっている。

　日本では1990年代に多動や衝動性から医療機関を受診する子どもが増え、教育界でも注意欠陥／多動性障害への関心が高まっている。

1）障害の定義と症状

文部科学省（2003）は、アメリカ精神医学会によるDSM-Ⅳを参考にして、注意欠陥／多動性障害を、次のように定義している。

注意欠陥／多動性障害とは、年齢あるいは発達に不釣り合いな注意力、及び／又は衝動性、多動性を特徴とする情動の障害で、社会的な活動や学業に支障をきたすものである。また、7歳以前に現れ、その状態が6ヶ月以上継続し、中枢神経系に何らかの要因による機能不全があると推定される。

注意欠陥／多動性障害の子どもは、「忘れ物が多く、集中力が持続しない」という不注意、「落ち着きがなく動き回る」という多動性、そして「思いつきで行動する」という衝動性、の3つの主な特性がある。ただし、どの要素が強く出るかは人によって異なるため、症状には個人差がある。男の子は多動性・衝動性が表に出やすく、女の子は不注意の特性を示す傾向があるといわれている。

注意欠陥／多動性障害の特性が学習や社会生活にどの程度影響を及ぼすかは、周囲の接し方や教育方法によって変化すると考えられている。

特性としては、以下のような状態が認められる。

①不注意
・忘れ物、なくし物が多い、約束を忘れる。
・整理整頓が苦手。
・興味がもてないことには注意が持続しない。
・気が散りやすい。
・面と向かって話しかけられているのに、聞いていないようにみえる。
・指示にしたがえず、また仕事を最後までやり遂げない。
・気もちを集中させて努力し続けなければならない課題を避ける。
・文字の「点」や「はね」を正しく書かない。
・文章を書いていて、字が抜けてしまう。
・単純な計算ミスをしたりや繰上りなどを忘れる。

②多動性
・手足をそわそわ動かしたり、着席していてもじもじしたりする。
・授業中や座っているべきときに、席を離れてしまう。

・きちんとしていなければならない時に、過度に走り回ったりよじ登ったりする。
・遊びや余暇活動におとなしく参加することが難しい。
・じっとしていない、または何かに駆り立てられるように活動する。
・過度におしゃべりをする。
③衝動性
・質問が終わらないうちに出し抜けに答えてしまう。
・順番を待つのが難しい。
・他の人がしていることをさえぎったり、じゃましたりする。

　一人ひとりの子どもにこれらの特性が必ずしもすべて現れるわけではなく、タイプとして、①不注意優位型、②多動・衝動性優位、③混合型（両方の特性が認められるタイプ）の3つに分けられる。
　また、他の神経発達障害、自閉スペクトラム（p.68参照）などとの区別は難しく、学習障害などが並存する場合もある。虐待のような劣悪な養育環境で育てられた子どもにも同様な傾向が認められることがあるので、教師は診断するのではなく、特性に配慮したかかわりが求められる。
　エネルギーがある、集中すると力を発揮できる、発想が豊かで独創性がある、人なつこい、よく気がつき優しい、など、子どもらしい長所もあることを忘れてはならない。
　注意欠陥／多動性障害は成長に伴い、状態像が変化していく。

①乳幼児期：症状が目立ってくるのは2〜4歳ころからで、よく動き回り、よく泣く、かんしゃくを起こす、ということがあるが、おとなしく手のかからない子どももいる。また、言語発達の遅れが見られる場合もある。幼稚園などで集団生活を送るようになると、「落ち着きがない」などのほか、友だちと一緒に遊べない、すぐにかんしゃくを起こすといった行動が問題にされたり、はさみがうまく使えない、折り紙が折れない、三輪車がこげないなど、不器用さが目立ったりすることもある。
②学童期：困難さが健在化しやすい時期で、じっといすに座っていられない、授業中に無断で席を立ち歩き回る、教室から飛び出す、勝手な発言や友だちへのちょっかいなどが問題にされやすくなる。整理整頓が苦手で、忘れ物や紛失物が目立つ場合

や順番を待てないことでのトラブルなど「対人関係」や「興奮・乱暴」の問題も見られるようになる。高学年になると学習の遅れが目立つ子どもも出てくる。保護者からは、家庭での状態として、以下のような相談があったりする。
・次々と物を出して部屋中が散らかっており、片付けができない。
・翌日の準備ができず、何でもカバンに詰めこんでしまう。
・宿題や課題を最後までやり遂げることができない。

③思春期
　注意欠陥／多動性障害の症状の他にアイデンティティや友人関係などの問題が浮上してくる。劣等感や孤立感から、わざと他者を怒らせたり、規則違反をするなどの行動をとったり、深刻な場合には非行に結びつくこともある。叱られる機会が増え自己評価が低くなったりすると、抑うつ的になったり、不登校などにつながったりすることもあり留意が必要である。

２）かかえる困難

　注意欠陥／多動性障害は先天的な脳の機能障害で、脳内の神経細胞間の情報を伝える神経伝達物質が十分に機能していないと考えられている。脳画像研究では、前頭前野や小脳などの形態や機能的な異常との関連性が指摘されている。努力のみで改善できるものではないので、症状のみを指導するのではなく、生じる背景として、以下のような困難さがあると考えて対応することが必要である。

①不注意
　一つずつの行動の流れを意識して、最後まで続けることが難しい。
・行動の流れを終えないうちに、気が向いた次の行動に移ってしまう。
・一つの行動の最中に何かを見つけて遊び始めてしまう。
集中が続かない、もしくは集中しすぎる（集中力の加減が難しい）。
・注意が続かず、外からの刺激ですぐに気がそれたり、反応してその場を離れてしまう。
・興味のあることには過度に集中し、話しかけても気づかない、途中で中断することが難しい。

・興味や関心の範囲が狭く、自分の好きなことを考えていることが多いのでボーッとしているように見える。

忘れっぽい
・物や言われたことに対する意識が続きにくい。
・注意されたことも忘れてしまうため、反抗的と取られることがある。

②多動性・衝動性
動きたい欲求をコントロールすることが難しい。
・動いていないと気分的に落ち着かないだけでなく、体の感覚的な要因として、無意識に体が動いている場合もある。

気もちをコントロールすることが難しい。
・頭の回転が速く、予測や状況判断なしに行動を起こしてしまい、時にはカッとした瞬間に手が出てしまう。
・長期的な報酬を予測することが難しく、待つよりも目の前の短期的な刺激や欲求を選択してしまう（脳の報酬系機能の問題）。

　この特性をもつ子どもは、人なつこさや積極的な姿勢があり、明るく活発な子どもともいえる。しかし、そのよさが度を超えてしまうと、周囲との折り合いが難しくなる。「わがまま」「わざとしている」「反省していない」「怠けている」などと思われがちである。叱られることが多くなると自信をなくし自尊心が低下したり、孤立して追いつめられたりする。また、何度も同じ失敗をするために周囲のイライラを引き起こしやすく、困難さが複合化されて他の困難に結びつくこともある。時には保護者のしつけや愛情不足という誤解をまねく場合も考えられる。

3）支援のあり方

　落ち着いて学習に取り組むためには、特性を理解した上での配慮や支援が重要である。気もちやからだの動きをコントロールすることが苦手であるため、自分の言動をふりかえる力を身につける機会をつくることも必要である。

a. 実態の把握

こういった子どもの実態把握について、担任として、また学校体制でどのように臨むべきか、次に述べよう。

①担任として：学習障害同様に、支援のためには、子どもが何に困っているかという実態を把握する。「授業時の子どもの困っているようす」「衝動性、多動性など指導上困っている場面や状況」「保護者からの家庭での状況についての相談」などから把握することができる。

　「いつ」「どこで」「どのような時」「どんな問題が起こるか」を観察し、問題となっているつまずきや困難さを把握する。気づきとともに、対応についても記録を残しておくと、情報共有や指導案の作成、保護者との面談などに役立つ。また、つまずきや困難さだけでなく、できていることや得意なこと、興味・関心のあることなどの情報も集めておくことが肝要である。

②学校体制として：学級担任、教科担任の理解だけでは判断や支援方法の適切さの判断が難しく不安もあろう。学年会や校内委員会など、相談しやすいような校内支援体制が望まれる。校内外の研修などで理解を深めることも大切である。

診断は、医療と連携した専門家・専門機関が行うことが原則である。注意欠陥／多動性障害の一部には、薬物療法が有効であると分かっているので、医療機関と連携して支援をすることが必要な場合もある。

b. 学習面、行動面での支援

学習面、行動面への支援の留意点について次にまとめよう。

①不注意な間違いを減らす

　他の情報に影響を受けやすい、視線を元の位置にもどし固定できないなど視覚的な認知に困難がある、わずかな情報で判断してしまうなど、その特性を把握する。その上で、どのような作業でも終わったら必ず確認することを習慣づけることも大切である。

②注意の集中を続ける

注意の集中が続く時間や教科や活動による違いなど、困難の状況や要因を把握する。刺激の少ない環境を整えることも大切である。
＜注目しやすくする＞
・話をする時には、注目させてから話す。
・注目すべきところを示す、こまめに声掛けをする。
・言葉だけでなく、絵や写真、文字など、視覚的に示す工夫をする。
＜環境＞
・視野に入るもの、聞こえるものなど刺激（情報量）を少なくする。
・集中できる時間、教科の差などを把握し、課題を分割する。
③忘れ物への配慮
　興味の有無や日常的に使うものとそうでないもので注意の程度が違うのかどうかなど、注意への要因を把握する。家庭と連携して決まりごとの理解と定着を図るなども必要である。
・子どもに合ったメモの仕方や活用の仕方を身につけさせる。
・忘れやすいものを所定の場所に入れるなどの決まりをくり返す。
・保護者にも一緒に確認してもらい、それを根気よく続ける。
④課題等をやり遂げる
　指示の具体的な内容が理解できていないのか、課題や活動の取り組みの仕方が分からないのか、集中できる時間が短いのかなど、その原因を把握する。その上で、スモール・ステップで一つのことをきちんと終えてから次に移るという体験を積み重ねることが大切である。
・指示の内容を分かりやすくする、課題の内容や活動の量を工夫する。
・分からないときには助けを求めるようにさせる。
・取るべき行動を表などに示して、自分で思い出して取り組みやすくする。
⑤順番を待つ、他者をさえぎる
　決まりごとを理解しているのか、理解しているのに行動や欲求のコントロールができないのかなど、その特性を把握する。
・決まりごとの内容と意義を説明し、理解させる。
・いつまで待てばよいかの見通しをつけさせる工夫をする（「○番目だね」）。
・思い出して気づけるよう、「順番に並びましょう」などと具体的に伝える。

・タイマーを活用する。
⑥立ち歩くなど動きたい欲求
　我慢させすぎない配慮、「動ける保証」をすることも考えておく。
・プリント配布、教材を運ぶなどの役割をあたえる。
・集団で移動する場面では、人数を数える係にしてみる。
・課題の途中で小休止をする。

c. 情緒面への支援

　心理面では、自己肯定感を低下させない配慮も必要である。「〇〇してはだめ」という伝え方は、自分がダメだと否定されたように受け取りやすいので、適切な方法を具体的、肯定的に伝える工夫をする。

・叱る場合は、人のいないところで、大切なことを短く簡潔に伝える（周囲からのマイナスイメージがつくことや自己評価の低下を防ぐ）。
・好ましい行動が取れた場合は、本人に伝わるようにほめる。
・ロールプレイなどにより、ソーシャルスキル、コミュニケーション能力の習得（気もちの伝え方、気もちのコントロールの仕方の練習など）を図る。

d. 保護者との連携

　注意欠陥／多動性障害の子どもの保護者は、一生懸命にかかわっていても、しつけの問題として周囲から理解されないことがある。その思いが子どもに向かってしまい、悪循環を生む場合が少なくない。教師が保護者のおかれている環境や心情を理解することが、子どもを支援していく上で必要である。その理解が保護者との良好な関係の基盤となる。良好な関係を築いていくためには、子どものできていることを認めていくことを忘れてはならない。相互に協力しながら支援や配慮の工夫を共有していくことが重要である。
　子どもの不適応症状が改善されない場合には、薬物療法がとられる場合もある。薬物療法は医療機関と保護者・本人の信頼関係のもとで行われるため、医療機関との連携を考える場合には、保護者と教師の信頼関係は欠かせない。また、薬で根本的なことが解決するわけではないことも理解しておくことが

大切である。服薬で症状が治まり、ほっとする保護者もいれば、服薬に対して罪悪感をもつ保護者もいる。毎日服用する子どもにも負担感がある。受診・服薬に関する心理的負担面を理解しておくことが関係づくり、支援の上で役立つ。

e. 特別な場所での指導

①通級による指導

障害による学習上または生活上の困難の改善を目的とする「自立活動」が中心となるが、「各教科の補充指導」も行うことができる。

指導時間は、「自立活動」と「各教科の補充指導」を合わせて年間35単位時間（週1単位時間）からおおむね年間280単位時間（週8単位時間）以内が標準とされている。注意欠陥／多動性障害の場合は、月1単位時間程度でも指導上の効果が期待できる場合があるため、下限が年間10単位時間とされている。

障害による学習上または生活上の困難を改善するために特別指導を行うので、子どもへの指導とともに、保護者への支援、担任や学校体制との連携が重要となる。また、校内の特別支援コーディネーターとの定期的な情報交換や教育委員会等に設けられている専門家チームや巡回相談等の活用もときに応じて必要である。医学的な診断の有無だけにとらわれず、総合的な見地からの対応の必要性を検討することが大切である。

②通常の学級における配慮

子どもの特性を把握した上で、苦手なことをたくさん要求したり、皆と同じ水準の成果を要求したりするのではなく、指導形態や「指示の伝え方」「課題の出し方」などを工夫する。また、苦手な部分を指摘するのではなく、努力している面や得意な面を積極的に評価する、さりげなくクラスで紹介する、活躍できる場を意図的に設定していくなど、そこでの子どもの努力や達成度を認め、励まし、自信がもてる機会をつくることも大切である。

安心して学習・活動できるためには、グループ編成や座席の位置を工夫し、友だちとの関係が広がるような配慮も必要であるが、同時に他の子どもが不公平感をもたないようなクラス全体への目配りも大切である。いずれも保護者との共通理解を図りながら取り組むことが適応につながる。

（3）自閉症スペクトラム

　自閉症（Autistic Disorder）というとらえ方は、1943 年にカナー（Kanner, L.）が論文「情緒的接触の自閉的障害」において、11 名の知的障害を伴う子どもに共通した特徴を示した症例を報告し「早期乳幼児自閉症」としたことが始まりである。その特性として、「極端な孤立」と「同一性保持への強迫的固執」があげられていた。

　その後、1944 年にアスペルガー（Asperger, H.）が論文「自閉的精神病質」において、症例に見られる子どもの特徴として、「視線が合いにくいこと」「言葉や動作が常同的であること」「変化に対する激しい抵抗があり、特有な興味があること」などを報告した。これらの指摘はカナーと多くの部分で共通していたが、言語能力の高さ、運動能力や協調運動に不器用さが認められる点が異なっていた。

　自閉症の状態像は、知的能力や年齢、発達とともに変化する。1988 年にウィング（Wing, L.）は、自閉症の状態像が多岐にわたることから、障害が幅広い連続した症状を示すということを表現するために「スペクトラム」という概念を導入した。そして「自閉症スペクトラム」の特性として、「社会性」「コミュニケーション」「イマジネーション」の 3 領域の障害を示した。1990 年代には医学的診断基準である ICD-10、DSM-Ⅳにおいて、自閉的な症状をもっている状態の総称として「広汎性発達障害」（Pervasive Developmental Disorders : PDD）として定義され、その下位分類にアスペルガー症候群、特定不能の広汎性発達障害などが位置づけられた。

＜参考：医学的診断基準と診断名＞
　最近改訂された DSM-Ⅴ（2013）では、知的な遅れの有無にかかわらず、本質的に同じ特性をもつというところから、これまでの「広汎性発達障害」や下位分類の「アスペルガー症候群」などの名称がひとつにまとめられ「自閉症スペクトラム／自閉症スペクトラム障害」（Autism Spectrum Disorder : ASD）という診断名に変更された。また、障害特性は、「社会的コミュニケーション」「限局的・反復的な行動」となっている。ICD-10（国際疾病分類第 10 版）では、広汎性発達障害となっているが、診断基準

が若干異なる。なお、発達障害者支援法では ICD-10 の基準が用いられている。

1）障害の定義と症状

　自閉症は、原因は明らかになっていないが、他の発達障害同様に、脳の機能障害と考えられている。
　文部科学省の「今後の特別支援教育の在り方について（最終報告）」(2003)では、自閉症及び高機能自閉症は、アメリカ精神医学会によるDSM－Ⅳを参考に、以下のように定義されている。

　自閉症とは、3歳位までに現れ、他人との社会的関係の形成の困難さ、言葉の発達の遅れ、興味や関心が狭く特定のものにこだわることを特徴とする行動の障害であり、中枢神経系に何らかの要因による機能不全があると推定される。

　高機能自閉症とは、3歳位までに現れ、①他人との社会的関係の形成の困難さ、②言葉の発達の遅れ、③興味や関心が狭く特定のものにこだわることを特徴とする行動の障害である自閉症のうち、知的発達の遅れを伴わないものをいう。また、中枢神経系に何らかの要因による機能不全があると推定される。

　知的障害がない場合、言語や対人関係の難しさが明らかになるのは、環境との兼ね合いでもう少し後になる可能性がある。養育時の関係のとりにくさから、保護者が育てにくさを感じている場合もある。
　他の発達障害と併存することもあり、注意欠陥／多動性障害や学習障害と自閉症スペクトラムの両方の特性をもつ子どもも多く認められる。自閉症スペクトラムには、以下のような症状が認められる。

　①人とのかかわり（社会性）、コミュニケーションの苦手さ
　・視線が合いにくい。
　・話し言葉が出ない、オウム返し（エコラリア）が多い、独特な言葉遣いをする。
　・（小さいときに）人見知りをしなかった、親の後追いをしなかった。
　・人へのかかわりや人からの働きかけに対する反応の乏しさ。

- ひとり遊びが多い。
- 自分が話したいことだけを一方的に話す。
- たとえ話や冗談が通じない。
- 悪気なく、思ったことを言ってしまう。
- 表情などの非言語表現を理解することが難しい。

②興味の偏り、こだわりが強い（限局）
- 同じ道順、手順、スケジュールにこだわり、変更が許せない。
- 特定のものに執着する、興味・好みの範囲が非常に小さい。
- 物を一列に並べたり、置き方にこだわったりする。
- 回る、跳ぶ、手を振り続けるなど同じ動作を繰り返す（常同運動）。
- 扉の開閉、タイヤの回転など規則的な動きをいつまでも見ている。

③感覚の偏り、動きがぎこちない
- 特定の音、感触を嫌がる。
- 特定の感覚にこだわり、触れたり見たりし続ける。
- 細かい作業が苦手で不器用。
- 姿勢が保ちにくい。
- 動きがぎこちなく、運動が苦手。

2）かかえる困難

　自閉症スペクトラムと考えられる児童生徒のかかえる困難を、その原因と合わせて具体的に理解したい。

①人とのかかわり（社会性）、コミュニケーション

　周囲の人と情緒的にかかわることが難しく、人間関係を発展させたり、維持したりしていくことへの関心がうすい。他者への安心感や愛着がわきにくい、相手の意図や非言語表現をくみ取ること、その場の雰囲気を感じ取ることなどが苦手である。そのため、人を意識して行動することや人に働きかけることが難しくなる。相手が言った皮肉や言外の意味を字義通りの理解してしまい誤解をしやすい。また、無頓着な態度や言い方で相手を怒らせても、なぜ怒っているかが理解できず、戸惑ったり、被害者意識をもってしまったりすることもある。相手の言っていることが理解できない場合

は、相手の言葉をそのまま繰り返すことがある。

　言葉にすることが苦手なため、伝えたいことがあっても伝えられないまま抱えてしまうこともあり、表現しないために何も感じていないように受けとられてしまうこともある。

　これらのことから集団への適応が難しかったり、孤立してしまったり、不登校やいじめを経験することがある。逆に周囲への暴言などでトラブルになることもある。

②こだわりの強さ、興味の偏り

　いろいろなことを予想して対応したり、変化に応じて変更したりすることが苦手で、不安や緊張を感じやすいため「いつも通り」にしようとする。そのため、なじみのあるものや方法にこだわる傾向がある。例えば、予測のたちにくい状況では、特定の物やことがらを繰り返し考える、口にする、同じ行動をくりかえすなどの行動をとる場合がある。ルールがあると物事を予測しやすくなり、それにしたがって行動できる。一方で、一度覚えたルールを厳格に守ろうとするため、守らない他者に納得がいかないということも生じる。

　興味の偏りは、電車、バス、数字、ロゴマークなどの膨大な知識の収集・暗記などとして現れ、年齢不相応に漢字や英単語を覚えていたりする。光るものなどに関心を示すなど、独特の感覚でとらえる美しさや身体感覚に心地よさを感じていると考えられる場合もある。こだわりは周囲が止めようとしても止めるのが難しく、無理にやめさせようとすると、かえって強い不安を感じて、かんしゃくやパニックを起こすことにつながる。

③感覚の偏り、ぎこちなさ

　他の人がほとんど気にとめないような刺激（音、光など）でも強く感じて、ストレスを感じることがある。この過敏さが、かんしゃくやパニックを引き起こす要因になる場合もある。場所や時間帯、疲れや空腹などのストレスでも感じ方が変化する。感覚の種類・感度の強弱は、それぞれに異なるが、この感覚の偏りは、個人の努力では改善しない。逆に、非常に鈍感な場合もある。

　感覚については以下のような困難さを感じている場合が考えられる。

＜視覚過敏＞
・たくさんのものの中から一つのものを探すのが苦手。
・蛍光灯のちらつきがきになる。

・白い紙と黒い文字のコントラストが辛い。
・人の顔が粗いドットプリンタの印刷のように見える。
・課題に集中できない、文字が読みにくい、目線を合わせることが難しい。

＜触覚過敏＞
・服のタグ、肌着・靴下の縫い目にひりひりとした痛みを感じる。
・シャワーが痛い。
・肌が、人や物に少し触れるだけで痛くてたまらない。

　体操服や制服の素材が刺激になると、登校に支障をきたす、授業が辛くなる。また友だちの手が少し触れただけでも痛がることもあり、そのことでトラブルが生じることもある。

＜聴覚過敏＞
・大きな音を聞くと強い痛みを感じる。
・たくさんの音の中からひとつの音を選び出して聞くのが難しい。
・チャイムが音階に聞こえる。
・早口な人の話が聞き取りにくい。

　教室では、いろいろな音が同じレベルで入ってくるため混乱しやすかったり、指示が理解できにくかったりする。合唱の練習や大勢の人がいる騒々しい場所では痛みを感じて、耳をふさいで周りの音を遮断しようとしたり、常同運動で安心したりしようとすることがある。場合によってはパニックになって、教室を飛び出してしまうことがある。

＜嗅覚過敏＞
　給食や運動用具の倉庫のにおいなど強いにおいが苦手で、時に吐き気を催す、多くの人が心地よいにおいでも辛く感じることがある。一方で、なじみのあるものは安心なので、においをかいで周囲の状況を確かめようとする時もある。

＜味覚過敏＞
　特定の味や食感、温度、やわらかさやかたさなどの食べ物だけを好んで食べ続けたり、見た目にこだわりをもち、特定の色の食材や同じパッケージの商品だけを食べ続けたりすることがある。嗅覚とともに偏食や給食の時間を嫌がる場合もある。年齢が上がるにつれ改善されるようである。

＜痛覚鈍感＞

・血がにじむほどかきむしる、自分の腕を強くかむ。
・ケガをしてもあまり痛がらない。
・大きなけがをしてもケロッとしている。
　触覚過敏とは逆で、痛覚が鈍感でからだの境界の感覚が希薄な場合には、痛みや疲労を感じにくくなっている場合がある。
＜平衡感覚不全＞
・姿勢が崩れる、机に突っ伏す。
・不器用、運動が苦手。
　耳の奥の内耳にあるバランスを保つセンサーがうまく働かないために生じる。「やる気がない」という印象をもたれがちである。
④その他の特性
　自閉症のある子どもは、細部に注目し断片的な記憶や認知には優れた能力を発揮するが、全体をとらえることに難しさがあることが多い。そのため断片的な情報処理が必要な課題は得意で、全体的な意味理解を必要とする課題は不得意なため計画を立てることも苦手である。

3）支援のあり方

　自閉症スペクトラムの児童生徒の特性は、一人ひとりの現れ方や程度が異なるため、状態像を把握することが適切な支援・指導のための手がかりとして重要になる。

a. 実態把握
①スクリーニング
　詳細な観察や検査が必要と思われる子どもを見分ける手続きをスクリーニングという。医療機関で行う診断ではないが、状態を適切に理解し、支援につないでいく上では有用である。
　スクリーニングに用いる用具として、1歳半に適用される「改訂版幼児期自閉症チェックリスト」(The Modified Checklist for Autism in Toddler : M-CHAT) や学齢期に適用される「高機能自閉症スペクトラム・スクリーニング質問紙」(High Functional Autism Screening Questionnaire : ASSQ) などがある。

②標準化検査

さまざまな知能テスト（田中ビネー知能検査V、WISC-IVなど）、発達検査（新版K式発達検査、新版S-M社会生活能力検査など）で、得意不得意を知ることができる。また、自閉症の特性を評価する検査としては「日本版自閉症児・発達障害児教育診断検査三訂版」（Psycho Educational Profile : PEP-3）や「青年期・成人期自閉症教育診断検査」（Adolescent and Adult Psycho Educational Profile : AAPEP）などがある。PEP-3には、親などによる「養育者レポート」が設けられている。PEP-3とAAPEPの特徴として「芽生え反応」がある。この項目は、何らかの支援を行えばできるようになる項目である。これらを指導目標に位置づけることは、子どもの可能性を伸ばしていくことにつながる。これらの検査は専門家が実施・判断する。

③情報収集

その他に、生育暦や家庭生活場面、これまでの学校生活場面でのようすについて、保護者や関係者から情報を収集することも重要である。この特徴をもった子どもは環境に影響を受けやすいので、多面的な情報が理解を深める上で必要となる。

b. 学習面、行動面での支援

自閉症スペクトラムの児童生徒は、一度決めたこと（約束）は守る、興味のあることは深く追求する、一度見たものや聞いたことは忘れず、正しく再現することができるなど、さまざまな長所をもっている場合がある。他の発達障害と共通する部分があるが、長所や得意な面を活かして苦手なことを補うなど、特性を理解した工夫や支援を考える必要がある。周囲の子どもたちとの関係の中で生じる問題が少なくないことから、学級の仲間への働きかけも大切である。通常の学級においては、合理的配慮の観点に基づいた対応を考えたい。次に留意点をあげていこう。

①学習に向かう姿勢

学習に向かうためのルールを身につけさせておくことが大切である。着席、挙手、用具を準備するなど基本的な約束事の指導が必要である。例えば、行動を順に示した絵カード、行動の流れのチェック表など、視覚的な手がかりを用い、後で自己確認ができるような工夫をする。

②個別学習の工夫

　機械的な暗記や関心のあることへの知識が豊富で得意ではあるが、学んだ学習内容を活用したり応用したり、複数のことがらを組み合わせて理解したりすることは苦手である。漢字は得意だが、作文や抽象的な表現の理解は難しかったり、計算は得意だが、文章題や量・立体など見えないものを扱うのは難しかったりする。これらの課題に対しては、具体的なレベルから抽象的なレベルへ移行するとか、少ない選択肢から徐々に選択肢を増やすなど、段階的に学習のゴールを示していくことが必要である。

　粗大運動面や微細運動面の不器用さから、体の使い方や、コンパスやはさみなどの道具の使用、リコーダーなど楽器の操作がうまくいかない。用具の使用方法を丁寧に指導するほかに、使いやすい道具をそろえることも考えていくことが必要である。

③視覚的な情報提供

　多くの音や情報から必要なことを選択して聞き取ることが苦手である。指示を聞き取るための手がかりとして絵や写真などを用いると理解しやすくなり、後からの自己確認も可能である。絵などの提示の際、言葉が身につくように言葉も添えると言葉も育っていく。できるだけ簡潔でわかりやすい工夫をすることが大切である。

④具体的でわかりやすい指示

　あいまいな指示や長い説明を理解すること、複数のことを並行して考えることが苦手である。したがって、一度に複数のことを伝えない、短い文で具体的に伝える、長くなる場合は全体像を示してから順を追ってひとつずつ説明するようにする。「きちんと」といわれても何をどうすることが「きちんと」なのかがわからないので、「○○をこうします」というように具体的に指示する。「慣用句」「代名詞」などは、字義通りに受け取り混乱しやすいので用いない。また、「○○しない」など否定的な表現は、どうしていいのかわからなくなるので「こうしましょう」という言い方をして、取るべき行動を示す。

⑤かかわり方のルール

　話す声の大きさ、話を聞く態度、相手との距離のとり方などを具体的に伝える。声の大きさの物差しなど、具体的な資料を与えると、本人も確認しやすくなる。一方的に話し続けるような状況を周囲が受けとめてくれないと、「いじめられている」と否定的に受けとる場合がある。その都度状況を説明し、場に応じた行動を示して、適切な行動を学ぶ機会とすることとも重要である。

⑥時間の流れや変更の明確化

　時間の流れを感じることが苦手で、予測が立たない行動には不安をもつ。見通しが立つように、例えばこれからどこに行って何をするかということを明確に伝える。運動会などの行事も、流れをカードなどにしてあらかじめ確認しておくと、進行状況が把握できて安心する。また「このプリントをやったら終わりです」など、ゴールを明確にしておくことも安心につながる。スケジュールの変更や担任の不在なども、目で見て確認できるように、文字や絵などで示す。

⑦安心できるための環境

　感覚が過敏な児童生徒の場合、常に見えるもの聞こえるものからの刺激を受けている状態になり、不安や混乱の誘因になる。掲示物、座席の配慮など、気が散らないような環境をつくると同時に、なぜそれが気になっているのかを把握しておくことも、安心の提供のために重要である。また、トラブルがあったときに気もちを落ち着けられるような場所を用意しておくことも有用である。

⑧興味関心の幅を広げる

　苦手を克服するよりは、得意・関心のあることを活かすようにする。例えば花が好きなら、園芸係を任せることで活動の場を広げる、同じ遊びだけでなく、好きな遊びをした後で別の遊びに誘うということも、世界を広げる上で有用である。ただし、無理強いをしないことが大切である。

　学習の困難さもあるが、得意な面ももっている。得意な面を伸ばす、それを苦手なものに組み込むなども自信や達成感を育てることに役立つ。楽しく取り組めると、やり遂げることができ、達成感が得られ、次のやる気につながる。

c. 心理面での支援

①パニックへの対応

　パニックを起こさないようにすることが一番大切であるが、起こしてしまった場合には、静かな場所に連れて行き、落ち着くまで待つ。過剰に声をかけない。パニックがおさまったら、「よくがまんできたね」とほめ、「叱らないが譲らない」態度を通す。

②二次障害

　不適切な対応が重なると、激しい不安や興奮、混乱の中での攻撃、自傷、多動、固執、不眠、強迫などの行動上の問題が出現し、生活が難しくなることがある。行動面

だけでなく、対人関係の不器用さから誤解をされる、いじめの対象になるなどが原因でうつ状態に陥ることもある。重篤な二次障害を予防するためには医療などとの連携が必要な場合もある。

d. 特別な場での指導

子どもの特性をふまえて、各教育の場で支援・指導がなされる。

①特別支援学校（知的障害）

特別支援学校では、自立と社会参加をめざして生活に結びついた具体的活動を通して教育が行われる。自閉症の子どもへの対応としては、自閉症学級を設置する、自閉症に特化した教育課程を編成する、学習や活動場面においてグループ編成を工夫するなどがあげられる。

多くの学校では、自閉症のある子どもには環境の構造化が必要という理解が定着しつつあり、「空間の構造化」「時間の構造化」「活動の構造化」の工夫がなされている。

②自閉症・情緒障害特別支援学級

ここでは学年が異なる子どもや多様な実態の子どもが在籍するため、小人数集団での指導にならざるを得ないという制約がある。自閉症の子どもは、基本的には通常学級の教科内容を学習するが、実態によっては、下学年の内容を学習させる。

③通級による指導

通常の学級で学びながら、自閉症による学習上または生活上の困難を改善することと、在籍学級への適応を目的として指導が行われるケースもある。自立活動のほか、必要に応じて各教科等の補充的な指導も行われる。

指導形態は、個別の指導と小集団による指導がある。個別の指導では、教科学習やコミュニケーションなどに必要な基礎的な知識・技能・態度を養うことが中心になる。小集団では、音楽、運動、制作などの活動を通した対人関係やコミュニケーション能力の向上が中心となる。通級による指導が通常の学級や日常生活で活かされるように、在籍の通常学級の担任や保護者との連携が欠かせない。

④通常の学級における配慮

学級担任が自閉症スペクトラムの特性について正しい知識をもち、理解することが必要である。特性を理解した上で、板書の工夫、座席の工夫などで対応していく。急

な変更などによって生じる不安への対応、落ち着き場所の確保、ルールの可視化などを日常的に意識しておくことが有用である。また、優れた能力を発揮できる機会をつくり、自信や自己肯定感を育む機会をつくることも大切である。

   e. 専門機関との連携
　　自閉症にはてんかんが比較的高い割合で合併することが知られている。また、睡眠障害、パニックや攻撃的行動、強迫症状などが著しい場合などには薬物療法が有用な場合がある。専門機関に関しても保護者と連携し、必要に応じて情報共有などをしていくことが必要である。

   文献
学習障害及びこれに類似する学習上の困難を有する児童生徒の指導方法に関する調査研究協力者会議　1999　学習障害児に対する指導について（報告）
市川宏伸　2016　発達障害キーワード&キーポイント　金子書房
国立特別支援教育総合研究所　2015　特別支援教育の基礎・基本（新訂版）共生社会の形成に向けたインクルーシブ教育システムの構築，ジーアス教育新社
文部科学省　2003　特別支援教育の在り方に関する調査研究協力者会議　今後の特別支援教育の在り方について（最終報告）
文部科学省　2004　小・中学校におけるLD（学習障害），ADHD（注意欠陥／多動性障害），高機能自閉症の児童生徒への教育支援体制の整備のためのガイドライン(試案)
文部科学省初等中等教育局特別支援教育課　2012　通常の学級に在籍する発達障害の可能性のある特別な教育的支援を必要とする児童生徒に関する調査結果について
文部科学省　2013　初等中等教育局特別支援教育課　教育支援資料
中根晃　1992　学習障害の精神医学　精神医学，34，4，348-364.
大塚玲　1999　学習障害の定義にかかわる諸問題と今後の課題　特殊教育学研究　30(5)，29-40.
田中哲，藤原里美　2016　発達障害ってなんだろう　月刊実践障害児教育，学研プラス，8，12-29.
田中康雄　2014　発達障害の子どもの心と行動がわかる本，西東社

3章　特別支援教育のカリキュラム

　特別支援教育の教育課程及び内容等は、2009年3月に文部科学省が告示した「特別支援学校幼稚部教育要領」「特別支援学校小学部・中学部学習指導要領」「特別支援学校高等部学習指導要領」に示されている。本章では、これらに基づいて特別支援教育のカリキュラムの要点をまとめる。

　学校教育法第77条では、特別支援教育の教育課程について以下のように示している。

　特別支援学校の幼稚部の教育課程その他の保育内容、小学部及び中学部の教育課程又は高等部の学科及び教育課程に関する事項は、幼稚園、小学校、中学校又は高等学校に準じて文部科学大臣が定める。

　また、特別支援学級について、同法第81条の②においては、以下のように記されている。

　小学校、中学校、高等学校及び中等教育学校には、次の各号のいずれかに該当する児童及び生徒のために、特別支援学級を置くことができる。
　一　知的障害者／二　肢体不自由者／三　身体虚弱者／四　弱視者／五　難聴者／六　その他障害のある者、で、特別支援学級において教育を行うことが適当なもの

　さらに、特別支援学級の教育課程については、特別の教育課程によることができる（学校教育法施行規則第138条）とされている。この場合、特別支援学校の教育課程及び教育内容を参考にする。また、特別支援学級に在籍していない言語障害者、自閉症者、情緒障害者、弱視者、難聴者、学習障害者、注意欠陥／多動性障害者、その他障害のある者で特別の教育課程による教育

を行うことが適当な者に対しても、特別の教育課程による教育を行うことができる（学校教育法施行規則第140条）。

以下では、幼稚部の教育課程と、小学部、中学部及び高等部については各障害に対応する教育課程を示す。さらに、新たに特別支援教育の対象となった発達障害に対応する教育課程をも示す。

1節　幼稚部

特別支援教育における幼稚部の教育目標として、以下の事項があげられている。小学部・中学部、高等部の教育目標もあわせて表3-1に示す。

教育課程は、健康、人間関係、環境、言葉、表現の5領域、及び自立活動が設定されており、5領域については、「幼稚園教育要領」の内容に準じ、指導に際しては幼児の障害の状態等に十分配慮するものとされている。

自立活動は、特別支援学校に特徴的な教育内容である。ねらいと内容を表3-2に示す。

自立活動は、特別支援教育における教育課程において中心的かつ重要な教育内容であり、小学部・中学部、高等部を通して教育課程に含まれている。ねらいと内容は、幼稚部、小学部・中学部、高等部すべて共通している。

自立活動の指導においては、個々の幼児、児童生徒の障害や発達の程度を

表3-1　幼稚部、小学部・中学部、高等部の教育目標

＜幼稚部＞ 障害による学習上又は生活上の困難を改善・克服し自立を図るために必要な態度や習慣などを育て、心身の調和的発達の基盤を培うようにすること。
＜小学部・中学部＞ 小学部及び中学部を通じ、児童及び生徒の障害による学習上又は生活上の困難を改善・克服し自立を図るために必要な知識、技能、態度及び習慣を養うこと。
＜高等部＞ 生徒の障害による学習上又は生活上の困難を改善・克服し自立を図るために必要な知識、技能、態度及び習慣を養うこと。

表3-2 幼稚部の「自立活動」のねらいと内容

<ねらい>
　個々の幼児が自立を目指し、障害による学習上又は生活上の困難を主体的に改善・克服するために必要な知識、技能、態度及び習慣を養い、もって心身の調和的発達の基盤を培う。

<内容>
①健康の保持
　ア　生活のリズムや生活習慣の形成に関すること。
　イ　病気の状態理解と生活管理に関すること。
　ウ　身体各部の状態の理解と養護に関すること。
　エ　健康状態の維持・改善に関すること。
②心理的な安定
　ア　情緒の安定に関すること。
　イ　状況の理解と変化への対応に関すること。
　ウ　障害による学習上又は生活上の困難を改善・克服する意欲に関すること。
③人間関係の形成
　ア　他者とのかかわりの基礎に関すること。
　イ　他者の意図や感情の理解に関すること。
　ウ　自己の理解と行動の調整に関すること。
　エ　集団への参加の基礎に関すること。
④環境の把握
　ア　保有する感覚の活用に関すること。
　イ　感覚や認知の特性への対応に関すること。
　ウ　感覚の補助及び代行手段の活用に関すること。
　エ　感覚を総合的に活用した周囲の状況の把握に関すること。
　オ　認知や行動の手がかりとなる概念の形成に関すること。
⑤身体の動き
　ア　姿勢と運動・動作の基本的技能に関すること。
　イ　姿勢保持と運動・動作の補助的手段の活用に関すること。
　ウ　日常生活に必要な基本動作に関すること。
　エ　身体の移動能力に関すること。
　オ　作業に必要な動作と円滑な遂行に関すること。
⑥コミュニケーション
　ア　コミュニケーションの基礎的能力に関すること。
　イ　言語の受容と表出に関すること。
　ウ　言語の形成と活用に関すること。
　エ　コミュニケーション手段の選択と活用に関すること。
　オ　状況に応じたコミュニケーションに関すること。

的確に把握して、目標と内容を明確に設定することが重要なポイントとなる。すなわち、個々の幼児、児童生徒が興味をもち主体的に取り組み、成就感を味わうことができたり、発達の進んでいる側面を伸ばし困難がある側面を補うことができたりする内容を取り上げて支援することが重要となる。さらに、各保育領域や各教科等との関連について考慮し工夫することが必要となる。

幼稚部の教育における各障害の留意点は以下のとおりである（特別支援学校幼稚部教育要領 2009）。

①視覚障害
　早期から教育相談との連携を図り、幼児が聴覚、触覚および保有する視覚などを十分に活用して周囲の状況を把握し、活発な活動ができるようにすること。また身の回りの具体的な事物・事象や動作と言葉を結びつけて基礎的な概念の形成を図るようにすること。

②聴覚障害
　早期から教育相談との連携を図り、保有する聴覚や視覚的な情報などを十分に活用して言葉の習得と概念の形成を図る指導を進めること。また、言葉を用いて人とのかかわりを深めたり、日常生活に必要な知識を広げたりする態度や習慣を育てること。

③知的障害
　幼児の活動内容や環境づくりを工夫し、活動への意欲を高めて、発達を促すようにすること。また、ゆとりや見通しをもって活動に取り組めるよう配慮するとともに、周囲の状況に応じて安全に行動できるようにすること。

④肢体不自由
　幼児の身体の動きや健康の状態等に応じ、可能な限り体験的な活動を通して経験を広めるようにすること。また、幼児が興味や関心をもって、進んで身体を動かそうとしたり、表現したりするような環境を工夫すること。

⑤病弱
　幼児の病気の状態等を十分に考慮し、負担過重にならない範囲で、さまざまな活動が展開できるようにすること。また、健康状態の維持・改善に必要な生活習慣を身に付けることができるようにすること。

次節からは、各障害について、特別支援学校小学部・中学部学習指導要領 (2009) と特別支援学校高等部学習指導要領 (2009) に示されているカリキュラムについて述べる。

2節　視覚障害

　小学部における教育課程は、「国語、社会、算数、理科、生活、音楽、図画工作、家庭及び体育の各教科、道徳、外国語活動、総合的な活動の時間、特別活動並びに自立活動」（学校教育法施行規則第126条）である。これらは、以下で取り上げる聴覚障害、肢体不自由、病弱も同様である。
　各学年の目標及び内容は2学年まとめて示されており、2年間を見通して計画的に指導することとなっている。さらに、児童の実態を考慮して、合科的・関連的な指導も重視されている。
　中学部における教育課程は、「国語、社会、数学、理科、音楽、美術、保健体育、技術・家庭及び外国語の各教科、道徳、特別活動、自立活動」（学校教育法施行規則　第126条）であり、また、必要に応じて選択教科を設定することができる。小学部同様、聴覚障害、肢体不自由、病弱と同じ内容である。選択教科は、地域や学校、生徒の実態を考慮して必要に応じ設定するものであり、各学校が教科の名称、目標、内容を定めることができる。
　高等部における教育課程は、「国語、地理歴史、公民、数学、理科、保健体育、芸術、外国語、家庭、情報」（学校教育法施行規則の一部を改正する省令第2項別表第3 (1)）、及び専門学科が設定されている。さらに、各学校において生徒、学校、地域の実態に応じて学校設定教科を置くことができる。例えば、学校設定教科に関する科目として「産業社会と人間」がある。これらは、以下で取り上げる聴覚障害、肢体不自由、病弱と同様である。
　専門学科における教科には、「農業、工業、商業、水産、家庭、看護、情報、福祉、理数、体育、音楽、美術、英語」が用意されている（同省令第2項別表第3 (2)）。視覚障害に特化した専門学科の教科には、調律、保健理療、理療、理学療法が設定されている（同省令第2項別表第5 (1)）。

指導の上の配慮としては、児童生徒が聴覚、触覚、保有する視覚などを十分に尊重して、具体的な事象と言葉を結びつけ、概念を形成したり、障害や発達の状況に応じて指導内容を精選し、適切に指導することがあげられている。また、触覚教材などを工夫し、情報機器を活用し、児童生徒の学習が効果的になるよう配慮すること、時間や空間の概念を活用し、場の状況を理解して適切に把握し見通しをもって意欲的・積極的な学習活動を行うことができるように配慮することも示されている（特別支援学校小学部・中学部学習指導要領 2009、特別支援学校高等部学習指導要領 2009）。

3節　聴覚障害

　小学部・中学部における教育課程は、前節の視覚障害と同じである。
　高等部における聴覚障害に特有の専門教科は、印刷、理容・美容、クリーニング、歯科技工がある（学校教育法施行規則の一部を改正する省令第2項別表第5 (2)）。
　指導上の配慮として、体験的な活動を通して的確な言語概念の形成や思考力の育成、積極的な言語活動を促し、抽象的・論理的な思考の伸長を図ること、児童生徒の言語能力の程度に応じて読書活動を促したり、書いて表現する態度や積極的に情報を獲得し処理し活用する態度を養うこと、補聴器などを活用して、児童生徒の保有する聴覚を最大限活用すること、視覚的な教材や教具を工夫活用して指導効果を高めること、障害の状態に応じて音声、点字、手話などのコミュニケーション手段を活用して、積極的かつ的確で正確な意思伝達ができるようにすること、があげられている（特別支援学校小学部・中学部学習指導要領 2009、特別支援学校高等部学習指導要領 2009）。

4節　知的障害

　小学部の教育課程は、「生活、国語、算数、音楽、図画工作及び体育の各教

科、道徳、特別活動並びに自立活動」(学校教育法施行規則第126条2)である。

中学部の教育課程は、「国語、社会、数学、理科、音楽、美術、保健体育、及び職業・家庭の各教科、道徳、総合的な学習の時間、特別活動並びに自立活動」である(学校教育法施行規則第127条2)。必要がある場合は、外国語を加えることができる。職業・家庭の目標は、「明るく豊かな職業生活や家庭生活が大切なことに気づくようにするとともに、職業生活及び家庭生活に必要な基礎的な知識と技能の習得を図り、実践的な態度を育てる」(特別支援学校小学部・中学部学習指導要領 2009)ことである。

高等部の教育課程は、「国語、社会、数学、理科、音楽、美術、保健体育、職業、家庭、外国語、情報、家政、農業、工業及び流通・サービスの各教科、道徳及び特別活動、自立活動及び総合的な学習」と特別支援学校高等部学習指導要領で定められているこれら以外の教科である(学校教育法施行規則第128条)。

小学部・中学部および高等部での指導上の配慮として、生徒の障害の状態や特性および進路に応じて適切な教科を履修できるようにするために、多様な教科や科目を設けて自由に選択履修することができるようにすること、教科目相互や教科の関連を図り、系統的に指導すること、生活に結びついた効果的な指導と児童生徒が見通しをもって学習できるようにすること、教材・教具や補助用具を工夫し、情報機器などを活用して指導の効果を高めること、があげられている(特別支援学校小学部・中学部学習指導要領 2009, 特別支援学校高等部学習指導要領 2009)。

5節　肢体不自由

小学部・中学部の教育課程は、2節「視覚障害」で紹介したものと同様である。

高等部の教育課程は、2節、3節で示した内容と同一であるが、専門教科は、肢体不自由に特有のものは設定されておらず「農業、工業、商業、水産、家

庭、看護、情報、福祉、理数、体育、音楽、美術、英語」である（学校教育施行規則の一部を改正する省令第2項別表第3 (2)）。

指導する上での配慮は、体験的な活動を通して表現する意欲を高め児童生徒の言語発達や身体の動きの状態に応じて考えたことや感じたことを表現する力の育成と伸長に努めること、児童生徒の身体の動きの状態や生活経験に応じて指導内容を適切に精選し、基礎的・基本的事項に重点を置き、系統的な指導をすること、身体の動きやコミュニケーション等に関する指導においては自立活動における指導との密接な関連を保つこと、児童生徒の学習時の姿勢や認知の特性に応じた指導を工夫すること、児童生徒の身体の動きや意思の表出の状態等に応じて適切な補助手段の工夫と情報機器などを活用し指導の効果を高めること、とある（特別支援学校小学部・中学部学習指導要領 2009, 特別支援学校高等部学習指導要領 2009）。

6節　病弱

小学部・中学部、高等部の教育内容は、前節の肢体不自由と同じである。

指導上の配慮として、児童生徒の授業時数の制約や病気の状態に応じて指導内容を適切に精選し、基本的・基礎的事項に重点を置き、各教科・科目の関連を図り、指導内容の連続性に配慮した工夫をおこなうこと、健康状態の改善に関する指導内容については、自立活動における指導との密接な関連を保つこと、体験的な活動を伴う内容については、児童生徒の病気の状態や学習環境に応じて指導を工夫すること、児童生徒の身体活動の制限の状態等に応じて、教材・教具等を工夫し情報機器などを有効に活用すること、児童生徒の病気の状態を考慮して、学習が負担過重とならないようにすること、があげられている（特別支援学校小学部・中学部学習指導要領 2009, 特別支援学校高等部学習指導要領 2009）。

7節　発達障害

　発達障害とは、「自閉症、アスペルガー症候群その他の広汎性発達障害、学習障害、注意欠陥／多動性障害その他これに類する脳機能の障害であって、その症状が通常低年齢において発症するものとして政令で定めるものをいう」と定義されている（発達障害者支援法）。これは、学校教育法第81条にある「その他障害のある者」に相当する（pp.9-10 参照）。

　特別支援学級の教育課程については、学校教育法施行規則第138条に「小学校若しくは中学校または中等教育前期課程については、特に必要がある場合は、〜中略〜　特別の教育課程によることができる」と規定されている。特別の教育課程は、特別支援学校の教育要領や学習指導要領を参考に、児童生徒や学校の実態に応じて編成できる。必要に応じて自立活動を取り入れたりすることができる。

　さらに、学校教育法施行規則140条には、以下のように記されている。

　小学校若しくは中学校または中等教育前期課程おいて、次の各号のいずれかに該当する児童又は生徒（特別支援学級の児童及び生徒を除く）のうち当該障害に応じた特別の指導を行う必要があるものを教育する場合は、文部科学大臣が別に定めるところにより、〜中略〜、特別の教育課程によることができる。
　一　言語障害者／二　自閉症／三　情緒障害者／四　弱視者／五　難聴者　／六　学習障害者／七　注意欠陥／多動性障害／八　その他障害のある者で、この条の規定により特別の教育課程による教育を行うことが適当なもの

　この中にも発達障害が含まれている。またこの条文による教育は障害に応じた特別の指導、すなわち通級指導を規定するものとなる。この規定による授業の取り扱いについては、同法第141条に以下の通り示されている。

　前条の規定により特別の教育課程による場合においては、校長は、児童又は生徒が、当該小学校、中学校、義務教育学校又は中等教育学校の設置者の定めるところにより他の小学校、中学校、義務教育学校、中等教育学校の前期課程又は特別支援学校の小

学部若しくは義務教育学校または中等教育学校の前期課程において受けた当該特別の教育課程に係る授業とみなすことができる。

このように、特別支援教育のカリキュラムは、幼児、児童生徒がもつ学習上及び生活上の困難を克服できるようになることを目的として、個々に応じた支援を行うことを前提として編成されている。

文献
厚生労働省　2004　発達障害者支援法（最終改正　平成28年）
文部科学省　2009　平成21年特別支援学校幼稚部教育要領
文部科学省　2009　特別支援学校小学部・中学部学習指導要領
文部科学省　2009　特別支援学校高等部学習指導要領
文部科学省　1947　学校教育法　第八章特別支援教育（一部改正　平成19年）
文部科学省　1947　学校基本法施行規則　第八章特区別支援教育（一部改正　平成19年）

4章　特別支援教育に取り組む姿勢

1節　「個別の指導計画」と「個別の教育支援計画」

　特別支援学校においては、「個別の指導計画」を作成し、これに基づいて行われた結果を適切に評価し、指導の改善に務めることが重視されている（特別支援学校幼稚部教育要領 2009，特別支援学校小学部・中学部学習指導要領 2009，特別支援学校高等部学習指導要領 2009）。
　「個別の指導計画」について、特別支援学校小学部・中学部学習指導要領第 4 章(5)に以下の記述がある。

　各教科の等の指導にあたっては、個々の児童又は生徒の実態を的確に把握し、個別の指導計画を作成すること。また、個別の指導計画に基づいて行われた学習の状況や結果を適切に評価し、指導の改善に務めること。

　2008 年告示の中学校学習指導要領における総則第 4 章(8)には、障害のある生徒についての配慮するべき事項について以下のように示されている。

　障害のある生徒などについては、特別支援学校等の助言または援助を活用しつつ、例えば指導についての計画又は家庭や医療、福祉等の業務を行う関係機関と連携した支援のための計画を個別に作成することなどにより、個々の生徒の障害に応じた指導内容や指導方法の工夫を計画的、組織的に行うこと。特に、特別支援学級または通級による指導については、教師間の連携に努め、効果的な指導を行うこと。

同様の内容は、小学校学習指導要領や高等学校学習指導要領の総則にも示されている。特別支援教育では「個別の指導計画」が重要な位置づけにある。学校は、適切に「個別の指導計画」を作成する必要がある。

さらに、2016年の「特別支援教育部会における議論の取りまとめ（案）」では、「個別の教育支援計画」の作成・活用が取り上げられている。「個別の教育支援教育」とは、家庭や地域、医療や福祉等の関係機関との連携を図り、長期的な教育的支援を行うための計画である。「個別の指導計画」は、各教科等の指導にあたっての指導の目標や内容、指導方法についてのものである。今後は、より個の特性に応じた支援計画、指導計画を作成することが学校に求められる。

2節、3節では、以上のような「個別の教育支援計画」「個別の指導計画」を作成するために教師にとって必要なことがらについて述べる。

2節　個別の支援・指導に必要な諸理解

（1）障害理解

特別支援教育においては、障害の特徴を理解することが必要となる。的確な理解のためには専門機関との連携が不可欠である。専門機関との連携を行うことで、対象となる子どもに対する的確な教育支援体制の構築が可能となる。

（2）発達理解

子どもの発達のメカニズムを理解することで、対象となる子どもの状態を的確に把握することができるようになる。定形の発達を理解することで、障害による困難をもつ子どもの困難さの内容や原因を分析することができ、支援・指導の内容や方法の工夫ができるようになる。

（3）教授学習理論の理解

　教授学習のメカニズムを理解することは、適切で効果的な教師の支援と幼児、児童生徒の確かな学習を実現するために必要である。
　学習のメカニズムを理解することも、子どもへの支援を工夫する際に有益であり、必要不可欠なことである。
　さらに、教材研究も重要である。十分な教材研究がされていなければ、適切で効果的な支援を工夫することはできないからである。

3節　協同学習とインクルーシブ教育

　特別支援教育では、「個」に重点をおいているが、同時に「集団」について配慮することも必要である。なぜなら、障害をもつ子どもたちは、学校を卒業したら社会の中で生きていくことになるからである。社会の中で生きていくための素地を身につけさせることが教育の目標となることは当然である。
　一方、彼らがいきいきと生きていくことのできる社会づくり、「共生社会」の実現も大きな課題である。2016年の「特別支援教育部会における議論の取りまとめ（案）」では、特別支援教育においてインクルーシブ教育の実践を取り上げている。インクルーシブ教育とは、「障害のある者とない者とが共に学ぶ」（特別支援教育部会における議論の取りまとめ　2016）教育である。2016年に我が国が批准した「障害者の権利に関する条約」では、人間の多様性の尊重等を強化し、障害がある者がその能力等を最大限に発達させ社会に効果的に参加するために、インクルーシブ教育の理念を提唱している。
　インクルーシブ教育の方法は、地域や学校、幼児、児童生徒の実態に応じてさまざまなあり方が考えられる。しかし共通する理念、目標は、共生社会の実現、多様性の尊重を、障害のあるなしにかかわらず効果的に社会参加する、すなわち他者と共に生きる力を育むことである。本節では、1つの考え方、方法として協同学習を紹介する。協同学習は、文部科学省が特別支

教育の中で言及している共同学習を包括する学習理論である（杉江　2011）。
　協同学習とは、「協力して学び合うことで、学ぶ内容の理解・習得をめざすとともに、協同の意義に気づき、協同の技能を磨き、協同の価値を学ぶ（内化する）ことが意図される教育活動である（関田・安永、2005）。また、次の4つの条件を満たしていることが必要とされる。

　①互恵的相互依存関係の成立
　②二重の個人責任の明確化
　③促進的相互交流の保障と顕在化
　④「協同」体験的理解の促進

　具体的には、①集団で学習に取り組む時に、メンバー全員の成長が目標となりそのために相互に協力すること、②個人の目標達成だけでなく、メンバーの目標が達成されるための責任をすべてのメンバーがもつこと、③学習目標を達成するためのメンバー相互の協力が行われること、④協同の価値や効果を理解するための教師の意図的な働きかけがあること、を言う。
　協同学習が行われている場は、小さな共生社会であると考えることができる。障害のある者とない者が、同じ目標に向かって協力してともに学び合い育ち合うという協同の体験は、将来、一人の社会人として社会で生きていくための基盤づくりとなる。そのためには、教師がどのように協同学習を計画し、子どもを支援するのかがとても重要なこととなる。

　以上、特別支援教育に取り組む姿勢において重要なことを述べてきた。1節の「個別の教育支援計画」と「個別の指導計画」、2節（1）の「障害理解」と（2）の「発達理解」は、幼児、児童生徒理解である。これらは、特別支援教育だけでなく教育一般において、重要なことがらである。さらに、(3)の「教授学習理論の理解」や教材研究なども教育一般において重要なことである。
　特別支援教育は「特別」という言葉がついているが、教育の根本を考えた際には、「特別」ではない。それでは何が特別なのか。それは、有している障

害の特性によって学習の内容、学習の仕方という側面や教授の方法面で、いわゆる普通教育とは異なる部分があるということである。

　特別支援教育もいわゆる普通教育も、子どもたちがもつ可能性を自分自身の成長力によって最大限実現し、社会に参加していくために力を育むことが重要な目的となっていることを忘れてはいけない。そこでは、教師の教育観が問われる。教師がどのような教育観をもっているかが、教育活動の内容や方法に反映される。教師をめざす学生は、どのような教育観を自身が形成していくのか、現場の教師は自らの教育観をとらえ返すことが、とりわけ特別支援教育に取り組む際に必要となると考えられる。

文献

中央教育審議会教育課程特別部会　2016　特別支援教育部会における議論の取りまとめ（案）

文部科学省　2009　特別支援学校幼稚部教育要領

文部科学省　2009　特別支援学校小学部・中学部学習指導要領

文部科学省　2009　特別支援学校高等部学習指導要領

文部科学省　2008　中学校学習指導要領

文部科学省　2009　高等学校学習指導要領

関田一彦・安永悟　2005　協同学習の定義と関連用語の整理　協同と教育，1，10－17.

杉江修治　2011　協同学習入門　ナカニシヤ出版

あとがき

　本書は、近年実践的な関心が高くなっている特別支援教育について、教師をめざしている学生を主要な読者として解説したものである。本書の大部分は、各障害の特徴・対応についてである。これは、特別支援教育の対象となる子どもたちの特性、すなわち障害の内容やそのために抱える困難さを教師が十分に理解することが必要だからである。教育において幼児、児童生徒理解は基本である。障害の内容やそれに伴う困難を理解することは、幼児、児童生徒理解にほかならない。

　1章では特別支援教育の背景、2章では特別支援教育の対象となる障害についての解説、3章では特別支援教育のカリキュラム、4章では特別支援教育に取り組む姿勢について述べた。1章、3章、4章の内容は、特別支援教育に特有のことではなく、教育一般において共通して基本となることがらである。特別支援教育を中心に取り上げているが、内容は特別なものではなく、教育において普遍的なことである。この3つの章の内容を学習することで、読者に今一度、「教育とはどのような営みであるか？」ということについて考えていただけたらと思う。

　また、教育の対象となる子ども理解は教育活動における基本である。子どもの特性を理解し、適切な対応を行うことが必要である。2章で解説されている特別な支援を必要とする障害（特性）について理解することは、児童生徒理解の一環として重要である。児童生徒理解と障害理解は深く関連するものである。

　序章に、「障害は個性」という言葉があった。そして、この意味についてどのように考えるかという問いかけがなされていた。障害をその個人の特性の1つであるととらえれば、特性に応じて適切な支援をすることは特別なことではない。われわれ人間は、発達の個人差、得手不得手とさまざまな特性をもつ。さまざまな特性をもった個人の集まりが社会であり、その多様性を尊重するのが共生社会である。共生社会を構成する多様な人たちはまた、人間性という共通性を共有していることも忘れてはならない。

障害と共生社会の関わりをこのように理解すると、障害をもっている個人を特別視するのではなく、社会を構成する多様な個人の1人であると考えることができるようになる。

　特別支援教育について学ぶことは、単に障害をもつ子どもたちへの教育や支援を行うための知識や技能を獲得するためだけではない。生きるとはどのようなことか、われわれがめざす共生社会のあり方、子どもの発達や成長を支援することの意味、すなわち教育とは何かという根源的な問いに向き合い、自身の教育観を形成していくことだといえる。

　本書が、読者の教育観、子ども観、発達観などを、さらに深めていくための契機になれば幸いである。

編者

編者

杉江　修治（すぎえ　しゅうじ）
中京大学国際教養学部教授
担当：序章、1章

丸山真名美（まるやま　まなみ）
至学館大学健康科学部准教授
担当：3章、4章、あとがき

分担執筆者

亀田　研（かめだ　けん）
朝日大学法学部講師
担当：2章1節、2節

青柳眞紀子（あおやぎ　まきこ）
愛知淑徳大学・藤田保健衛生大学・中京大学非常勤講師
担当：2章3節、4節

小松原智子（こまつばら　ともこ）
中京大学・日本福祉大学・大同大学非常勤講師
名古屋市スクールカウンセラー
担当：2章5節

特別支援教育

| 発 行 日 | 2017年 9 月 2 日 初版第 1 刷発行 |

著　者	杉 江 修 治
	丸 山 真名美
発 行 所	一 粒 書 房

〒475-0837 愛知県半田市有楽町7-148-1
TEL(0569)21-2130
http://www.syobou.com

編集・印刷・製本　有限会社一粒社
©2017, 杉江 修治・丸山真名美
Printed in Japan
落丁・乱丁はお取替えいたします
ISBN978-4-86431-631-6　C1037